LES ARISTOCRATIES

COMÉDIE EN CINQ ACTES, EN VERS,

PAR M. ÉTIENNE ARAGO,

Représentée pour la première fois, à Paris, sur le Théâtre-Français, par les comédiens ordinaires du roi, le 29 octobre 1847.

Personnages.	*Acteurs.*
M. VERDIER, banquier (55 ans)	MM. PROVOST.
LE COMTE DE TERUY (30 ans)	MIRECOUR.
LE BARON LARRIEU (30 ans)	LEROUX.
VALENTIN (30 ans)	GEFFROY.
DUPRÉ, décorateur-peintre-architecte, chez M. Verdier (35 ans)	RÉGNIER.
UN INDUSTRIEL	CHÉRY.
UN DOMESTIQUE	MATHIEN.
Mlle VERDIER, sœur de M. VERDIER (40 ans)	Mmes MANTE.
LAURENCE, fille de M. VERDIER (18 ans)	JUDITH.
CAMILLE, cantatrice de l'Opéra (20 ans)	BROHAN.

La scène se passe à Paris, dans l'hôtel de M. Verdier, pendant les deux premiers actes; et au château de Franville, aux environs de Paris, pendant les trois derniers.

ACTE PREMIER.

Le théâtre représente un salon d'attente chez M. Verdier. — A droite, deux portes ordinaires donnent dans les appartemens particuliers. — A gauche, deux portes vertes et à clous dorés : l'une, la plus éloignée du public, donne dans les bureaux; l'autre donne dans le cabinet de M. Verdier. — Par la porte du fond, on voit un vaste corridor sur lequel sont figurées des portes vertes, pareilles à celle du cabinet du banquier. — A droite, sur le premier plan, une causeuse. — A gauche, sur le même plan, une table. — Tout l'ameublement doit respirer le luxe.

SCÈNE I.

Mlle VERDIER, LAURENCE.

(Au lever du rideau elles sont assises; elles se lèvent en parlant.)

LAURENCE.

Non, ma tante, je suis maîtresse de ma foi;
Il faut ma volonté pour disposer de moi.
Pour des nœuds détestés tristement couronnée,
A la mairie un jour si j'étais amenée,
Auprès de mon époux de joie épanoui
A l'espoir que ma bouche enfin va dire un *oui*,
Un *non*, inusité dans des fêtes pareilles,
Du maire et des témoins frapperait les oreilles.

Mlle VERDIER.

J'ai bien laissé parler la folie et l'amour;
La raison pourra-t-elle enfin ?

LAURENCE.

Chacun son jour.

Mlle VERDIER.

La femme, chère enfant, ne peut, sans imprudence,
Témoigner un vouloir, parler d'indépendance,
Ou compter sur un sort qu'elle aimait à rêver.
Mon exemple aujourd'hui saura vous le prouver.
Avant que la fortune eût marqué votre père
Du sceau de sa faveur, mon sort fut bien précaire;
Tantôt à mes leçons mettant un faible prix,
A d'autres j'enseignais ce qu'on m'avait appris;
Tantôt dans les concerts, jeune encore et timide,
Ma main se promenait sur le clavier rapide.

Toutes les indications de la mise en scène sont prises du point de vue de la salle.

Riche, plus tard, mon frère ici sut m'attirer;
Aux devoirs maternels je dus me consacrer;
Gloire et beaux-arts, pour moi ne furent plus qu'un [rêve,
Je mis tout mon orgueil à former mon élève.
Soigneuse du dépôt qui m'était confié,
Si quelquefois ma vive et constante amitié
Redoutait votre cœur trop sensible et trop tendre,
Votre gaîté charmante à l'instant venait rendre
A mon âme ravie et le calme et la paix,
Je pus m'inquiéter, mais m'effrayer, jamais!...
Soumise à mes leçons, à mes conseils docile,
Vous rendiez mon devoir agréable et facile,
Et mon œil attentif voyait avec fierté
Vos vertus croître ensemble avec votre beauté.
Mais le repos a fui de mon âme tremblante,
Un seul jour a suffi pour tout perdre!...

LAURENCE.

Oh! ma tante!
Valentin vous alarme... Avez-vous oublié
Par quel beau dévoûment à nous il s'est lié?
Nous étions à Franville, acheté de la veille
Par mon père, et bientôt lui-même nous conseille,
De voir les environs... Nous sortons toutes deux,
Pendant qu'il s'entretient de projets onéreux.
Une manufacture est sur notre passage...
Nous entrons... Du travail, active et grande image!
Ces machines, bras forts qu'anime la vapeur,
Ce mouvement, ce bruit me troublaient... j'avais [peur!
Nos vêtements, soudain, sont pris dans une chaîne,
Nous voulons résister, la force nous entraîne...
Les ouvriers craintifs à nos cris semblent sourds,
Ou bien du ciel pour nous invoquent le secours.
Notre perte est certaine!... Oh! non, non, Dieu [le guide!...
C'était lui... Valentin... Ame noble, intrépide;
Étranger, inconnu, mais soudain emporté
Par l'élan des grands cœurs, la générosité,
Il voit notre péril, il accourt, il s'élance...
De la vapeur en vain combattant la puissance,
Par l'élan d'une roue il se voit enlevé,
A la mort, avant nous, on le croit réservé!...
Mais lui, sans se troubler, ô courage indomptable!
Au sommet de la roue il détache le câble
Qui la faisait tourner et qui nous rapprochait
D'un instrument de mort... dont l'acier nous [touchait!...
J'étais en ce moment sans force, sans pensée...
Vous, non... vous me teniez dans vos bras enlacée...
Mère sublime!... et lui... lui! notre ange gardien,
Demeurait à l'écart... il avait fait le bien!...
Mais dans sa lutte, enfin, du triomphe suivie,
Au péril de ses jours il nous sauva la vie!...
Un souvenir si doux peut-il sortir de là?...
Non...

(Avec caresse.)

Je vous aime trop, ma tante, pour cela!

Mlle VERDIER.

J'estime Valentin, et la franchise extrême
Dont il use envers tous...

LAURENCE.

Et jusque envers moi-même!...
Jamais son noble cœur, plein de sincérité,
N'a dans son intérêt fardé la vérité...

Mlle VERDIER, souriant.

Oh! c'est un puritain!

LAURENCE.

Vous avez vu mon père
L'aimer malgré ce franc et hardi caractère...
N'est-il pas devenu l'ami de la maison?

Mlle VERDIER.

Faut-il nous réjouir de cette liaison?
De mon cher frère, hélas! je connais la manie:
Ce qu'il a résolu, c'est avec tyrannie
Qu'il l'impose; et les vœux que pour votre avenir
Il forme, notre ami ne peut les accomplir.
Hier il a déjà parlé de mariage.

LAURENCE.

C'est un mot assez doux aux filles de mon âge.
Vienne donc le mari... Je l'attends après tout...
Quitte à le refuser s'il n'est pas de mon goût...
Je ressens un amour et noble et légitime;
A l'autel on ne peut me traîner en victime;
Notre siècle n'est plus à ce point inhumain;
Qui n'aura pas mon cœur, n'aura jamais ma main
Vous l'avez dit, je suis et rieuse et sensible,
Je plaisante, croyant tout malheur impossible...
S'il arrivait demain, ma gaîté partirait,
Et j'ignore où mon cœur alors me conduirait.

Mlle VERDIER, à part.

Et c'est ce que je crains.

(Haut.)

Mais Valentin s'avance,
Monsieur Dupré le suit. Evitons sa présence.

LAURENCE.

Monsieur Dupré!... Comment! le grand ordonna- [teur
Des fêtes de céans; de plus, adroit flatteur...
Auprès de Valentin sa présence m'étonne...

Mlle VERDIER.

Un homme comme lui ne néglige personne.

(Elles vont pour sortir.)

SCÈNE II.

DUPRÉ, VALENTIN, Mlle VERDIER, LAURENCE.

(Dupré s'avance sur le devant de la scène et observe.)

VALENTIN, à Laurence et à Mlle Verdier.

Quoi! vous sortez?...

Mlle VERDIER.

Ailleurs on réclame nos soins.

(Elle gagne la porte à droite, et attend.)

VALENTIN.

A bientôt, n'est-ce pas?...

LAURENCE.

Je l'espère du moins.
Se quitter... c'est un mot bien dur aux cœurs fidèles.

VALENTIN.

C'est la conclusion des heures les plus belles ;
Trop heureux, après lui quand il laisse l'espoir,
Et lorsqu'en se quittant l'on se dit : Au revoir.

(Mlle Verdier et Laurence sortent par la seconde porte de droite.)

SCÈNE III.

DUPRÉ, VALENTIN.

DUPRÉ, à part, après avoir observé.

D'un amour mutuel ce sont là des indices,
Il faut le ménager.
(Haut.)
Sur ces simples esquisses
Serai-je assez heureux pour avoir vos avis?
(Il lui présente un album qu'il tenait sous le bras.)

VALENTIN.

Je doute que par vous ils soient jamais suivis.

DUPRÉ.

De citer votre goût, cependant, je me pique.

VALENTIN, regardant à peine l'album.

Ah! si monsieur Verdier met le vôtre en pratique,
Il doit aller bien loin !...

DUPRÉ.

Vous me faites l'effet
De ne point approuver la dépense qu'il fait?...

VALENTIN.

Je trouve qu'il pourrait la rendre moins stérile,
Et donner à son or un cours bien plus utile.

DUPRÉ.

Très bien... Mais expliquez cet étrange conflit?
Comment! monsieur Verdier qui sous nos yeux [acquit
Avec tant de sagesse une fortune immense,
Avec tant de folie aujourd'hui la dépense?

VALENTIN.

A vous, dont le regard me semble assez subtil,
Ce jeu des passions vous échapperait-il ?
Rien de plus naturel, pourtant, que ce contraste.
L'avarice, monsieur, peut s'allier au faste,
Car de l'amour du gain tous deux sont l'aliment.
Toujours une fortune acquise promptement
Accoutume l'esprit aux choses déplacées ;
Une fortune immense, aux choses insensées.
Un nouvel enrichi, c'est un aveugle-né
A la clarté du ciel tout à coup amené,
Qui, des objets qu'il voit n'ayant pas l'habitude,
Par l'éblouissement et le trouble prélude ;
Son œil manque d'abord de mesure, de goût,
Et de ses mains il croit qu'il peut atteindre à tout.

DUPRÉ, allant déposer l'album sur la table.

J'admire une raison si clairement déduite!
Du banquier vous m'avez expliqué la conduite.
(A part.)
De ses projets d'hymen voyons s'il ne sait rien...
(Haut.)
Un nouvel enrichi, cependant, voit très bien,
A travers cet orgueil qui toujours le caresse,
De combien la finance est loin de la noblesse!
Car il voudrait d'abord se la concilier;
Et plus tard, avec elle il cherche à s'allier.

VALENTIN.

C'est qu'un parvenu croit sa puissance fragile,
Et chez ses ennemis il mendie un asile ; [rangs,
C'est que la peur, toujours, le pousse en d'autres
Le détache du peuple en l'attachant aux grands ;
C'est qu'il voit un abri près d'eux, contre un orage,
C'est que dans leur crédit il croit qu'il se ménage,
Pour les biens qu'il possède, une sécurité,
Pour les honneurs qu'il cherche, une facilité.

DUPRÉ.

Le portrait est frappant. C'est pour cela, je pense,
Qu'en ces lieux on prépare une noble alliance.

VALENTIN.

Comment?

DUPRÉ.

Deux prétendans à l'hôtel sont admis,
Nobles, jeunes, riches, brillans...

VALENTIN, avec une teinte d'ironie.

Ils sont de vos amis?

DUPRÉ. [est comte...

Quelque peu... L'un des deux est baron, l'autre
Je crois que l'union sera brillante et prompte.

VALENTIN.

Les connaissez-vous bien ?

DUPRÉ.

Autant qu'un confesseur.

VALENTIN.

Peste!

DUPRÉ.

De l'Opéra je suis grand amateur,
Et les Lauzuns du jour, protecteurs des actrices,
Font, ainsi que jadis, la loi dans les coulisses.
Élèves de Gessler, despotes élégans,
Ils forcent le public à saluer leurs gants ;
Puis de la cavatine et de la pirouette
Ils règlent le succès d'après une amourette ;
Et par mille beautés constamment occupés,
Ils sont courus souvent... et souvent attrapés.

VALENTIN.

Connaissez-vous aussi leur état ?

DUPRÉ.

Je m'en flatte!
Le baron de Larrieul, apprenti diplomate,
Il n'a qu'un faible emploi, mais il avancera.

VALENTIN.

Il prit le bon chemin ; de nos jours, l'Opéra
De la diplomatie est l'école primaire...

DUPRÉ.

Pour le comte, il poursuit la gloire militaire,
Et d'une belle loge ayant passé le bail,
Il s'aguerrit... devant *la Révolte au Sérail.*

VALENTIN.

Et la fête impromptu qu'à Franville l'on donne,
A l'un des deux rivaux doit jeter la couronne?

DUPRÉ.

Quel que soit le vainqueur, en formant ce lien,
Comte ou baron ne font que rentrer dans leur bien

VALENTIN.

Que rentrer dans leur bien ?... Comment donc ?

DUPRÉ.

C'est notoire.
Du château de Franville ignorez-vous l'histoire ?

VALENTIN.

Tout à fait...

DUPRÉ.

Un instant voulez-vous m'écouter ?
J'en sais tous les détails et puis vous les conter.
C'était un beau manoir que celui de Franville !
Pour quelque grand service à la patrie utile,
Charles VII en dota le premier des Tercy
Qui jamais aux Anglais n'y demanda merci...
Mais chez ses descendans, par un triste contraste,
A la gloire bientôt vint succéder le faste...
Et quand par leurs vassaux soulevés à grands cris,
Les maîtres des châteaux, un jour, furent proscrits,
Un comte de Tercy vit la terre étrangère;
Il porta noblement une noble misère...
Et Franville, ses prés, ses bois et ses créneaux,
Tout fut inscrit parmi les biens nationaux.
La République alors fut notre souveraine !...
Mais l'Égalité sainte eut peu de temps la veine !...
Du comte de Tercy quand la maison baissait,
Du baron de Larrieul la maison commençait.
Simple enfant de Paris, fils du faubourg Antoine...
Comme on disait alors... pour fonds, pour patri-
Pierre Larrieul n'avait qu'un établi banal. [moine,
Un beau jour, en chantant l'hymne national,
Dont le puissant refrain arrivait de Marseille,
Le fusil à la main, la cocarde à l'oreille,
Il partit... Et bientôt de hauts faits en hauts faits,
Des grades qu'il obtint, il ployait sous le faix...
Si bien qu'après vingt ans, en un jour de victoire,
Le général Larrieul, pour reposer sa gloire,
Reçut de l'Empereur, généreux souverain...
Ce que l'on appelait... savonnette à vilain :
Une dotation avec un noble titre.
De Franville il devint et le maître et l'arbitre ;
Et bientôt, oubliant sa noblesse d'un jour,
Il fit rentrer le faste en ce brillant séjour.
Mais avec le héros qui nous l'avait donnée,
La nouvelle noblesse alors fut détrônée...
Le brave général, en mourant, ne laissa
Qu'un titre de baron... à son fils il passa.
Le château fut criblé de dettes usuraires ; [res,
Hommes de loi, fripons, voleurs... hommes d'affai-
Chacun en prit sa part, on plaida, brocanta,
Enfin, après quinze ans, le banquier l'acheta.
Vous voyez poindre ici l'autre aristocratie !
A ses défuntes sœurs comme elle s'associe ! [mins;
Elle arrive aux châteaux, mais par d'autres che-
L'or aujourd'hui remplace et gloire et parchemins !
[sance,
Aux banquiers la noblesse, aux banquiers la puis-
Aux banquiers... Pour eux seuls enfin tourne la
Et vous voyez l'effet des révolutions... [chance...
On déplace l'orgueil et les ambitions !...

VALENTIN.

Vous l'avez dit, monsieur...

DUPRÉ.

Mais j'oubliais Franville.
Un bal à la campagne !... Ordonnateur habile
Y succomba souvent !... Le nôtre est pour ce soir...
Ma devise est là-bas : « Tout voir et tout prévoir. »

(Il sort par le fond.)

SCÈNE IV.

VALENTIN, seul.

Ainsi, deux prétendans ! Qu'importe ! de Laurence
Le cœur m'est trop connu, pour que ma confiance
S'alarme promptement d'une rivalité
Que de son père seul rêve la vanité...

(Après une pause.)

Dois-je dire au banquier ce que je sollicite ?
Chaque jour je le veux, et chaque jour j'hésite...
Malheureux inventeurs ! où sommes-nous ré-
[duits !...
Des champs fouillés par nous d'autres ont les pro-
[duits.
Pour l'exploitation, le capital nous manque ;
Nous subissons la loi des princes de la banque,
Et même nous devons les bien remercier
Lorsque l'or au travail daigne s'associer !

(Une pause.)

Mais à monsieur Verdier, s'il en sent l'avantage,
Je dois de mes projets proposer le partage...
S'il supposait pourtant que j'use d'un détour,
Et que m'autorisant du service qu'un jour
J'eus le bonheur de rendre à sa sœur, à sa fille,
Je viens pour exploiter le père de famille !...
Oui, depuis quelque temps reçu dans sa maison,
Je devais, en effet, craindre un pareil soupçon ;
Et, jetant sur mon nom le voile du mystère,
J'ai bien fait d'employer une main étrangère
Pour lui soumettre...

SCÈNE V.

LE BARON, VALENTIN, puis LE COMTE.

LE BARON, entrant par la porte de gauche la plus éloignée.

Allons !... c'est avoir du malheur,
Le banquier est absent.

(Voyant Valentin.)

Pardon, j'ai bien l'honneur...

VALENTIN, après avoir salué, à part.

C'est l'un des deux rivaux.

LE BARON, à part.

Encor ce personnage !
Que déjà plusieurs fois... Quelque courtier, je gage.

(Haut.)

Où donc est le banquier qu'à la caisse on attend ?

VALENTIN.

Il a dû sortir... moi, je dois en faire autant.

LE BARON.

Il est bref ce monsieur... *

VALENTIN, près de la porte, voit entrer le Comte, à part.

Allons, bon, l'autre arrive...

LE COMTE, à part.

Cette figure, encor!

VALENTIN, à part.

La lutte sera vive.

(Il sort.)

SCÈNE VI.

LE COMTE, LE BARON.

(Le Comte montre de la hauteur, le Baron de la légèreté.)

LE BARON.

Tercy chez le banquier!... Serais-tu donc un quart
D'agent de change?

LE COMTE.

Ah! fi!... Mais toi, par quel hasard?
Te reste-t-il encor quelque rente légère?

LE BARON.

Peut-être bien.

LE COMTE.

Camille en sera moins sévère.
Hier, elle a, ma foi, chanté divinement...
Vas-tu bientôt enfin devenir son amant?

LE BARON.

Du terrain contesté si tu veux disparaître,
A vaincre sa vertu je parviendrai peut-être.

LE COMTE.

Je suis plus malheureux que toi... tes qualités
Font surgir sous mes pas mille difficultés!

LE BARON.

Nous jugeons assez bien tous deux notre mérite.

LE COMTE.

Mais dis-moi?...

LE BARON.

Parle.

LE COMTE.

Allons, ta franchise m'excite.

LE BARON, à part.

Jouons serré.

LE COMTE, à part.

Voyons, par un adroit détour...
(Haut.)
Je sais que chez Verdier tu viens deux fois par jour.

LE BARON.

Je sais qu'à cet hôtel tu n'es pas moins fidèle.

LE COMTE.

Ici, veux-tu savoir le motif qui m'appelle?

LE BARON.

Je le devinerai, si tu ne le dis pas.

LE COMTE.

Je puis te dire aussi ce qui guide tes pas.

LE BARON.

Un même but tous deux en ces lieux nous rassemble.

LE COMTE.

Je crois que nous suivons même gibier ensemble.

* Le Comte, Valentin près de la porte du fond, le Baron sur le devant.

LE BARON.

Ainsi qu'à l'Opéra, quoi! nous serions rivaux?

LE COMTE.

Quoi! dans le monde, ainsi qu'aux courses de chevaux?..
Tu te souviens, baron, de la sotte aventure
Qui, l'an passé, nous fit faire triste figure,
Lorsque nous poursuivions la danseuse Yelva?...

LE BARON.

Un troisième larron survint, qui l'enleva.

LE COMTE.

Pour Camille, aujourd'hui, rivalité semblable
Nous fait souvent manquer la chance favorable;
Nous n'avons de regards que pour nous observer.

LE BARON.

Nous courons pour nous nuire, et non pour arriver.

LE COMTE.

L'enseignement fut long, du moins qu'il nous protége!
Dans cet hôtel, suivons un plus adroit manége
A plaire, ainsi que moi, puisque tu fus admis,
Tous deux soyons rivaux... sans cesser d'être amis.

LE BARON.

Très bien!

LE COMTE.

Loin d'employer ruses et perfidies,
A l'instar des amans des vieilles comédies,
Rejetons les moyens usés; crois-moi, suivons
La tactique commune au siècle où nous vivons...
Formons entre nous deux une sainte-alliance.

LE BARON.

Soit! une mutuelle et solide assurance...
Pour arriver au but, nous devons nous unir.

LE COMTE.

Le troisième larron pourrait bien revenir.

LE BARON.

Et nous savons tous deux où cela peut conduire.

LE COMTE.

Loin de nous déchirer l'un l'autre et de nous nuire,
Car de ces lieux bientôt nous serions écartés,
Servons-nous, proclamons... nos belles qualités...
Qu'à l'usage commun chacun de nous déroge;
Moi de toi, toi de moi, faisons ici l'éloge!
Alors l'un de nous deux est sûr de l'emporter.

LE BARON.

Mais l'autre?

LE COMTE.

Eh bien! mon cher, il va patienter.
Verdier n'est pas, je crois, le seul banquier en France
Dont la vanité brigue une noble alliance;
Et celui qui devra se tenir à l'écart,
Ailleurs est bien certain de triompher plus tard.

LE BARON.

Tu dis vrai! De nos jours, l'orgueilleuse richesse
Tend bien souvent la main à la pauvre noblesse.

LE COMTE.

Notre cœur par Camille est pris à l'Opéra.
En ces lieux donc celui que l'on préférera,
Dans les chances du sort ramenant l'équilibre,
Auprès de la diva laissera le champ libre...

LE BARON.

Ainsi, d'un riche hymen, par cet arrangement,
L'amour sert au vaincu de dédommagement.

LE COMTE.

L'un de nous deux aura femme aimable, opulente.

LE BARON.

L'autre, maîtresse belle, et surtout triomphante.

LE COMTE.

Et de l'hymen enfin si tu subis la loi...

LE BARON.

Tu dîneras chez moi...

(S'appuyant sur l'épaule du Comte.)

Je souperai chez toi...

LE COMTE.

Avec un peu d'esprit ici-bas tout s'arrange...

LE BARON.

Appuyés l'un sur l'autre, en avant la louange!

LE COMTE, s'éloignant du Baron, et le regardant.

En vous, d'un Metternich je vois le germe éclos!

LE BARON.

Lieutenant, vous avez la taille d'un héros!

(Ils rient.)

LE COMTE, se rapprochant.

Mais il est dans l'hôtel un intrigant habile
Et dangereux pour nous... s'il ne nous est utile.

LE BARON.

Oui... Dupré; nous pourrons nous en faire un appui.

LE COMTE.

Nous nous l'attacherons en nous ouvrant à lui...
Mais prudemment...

LE BARON.

Il faut qu'il tienne la balance
Egale entre nous deux.

LE COMTE.

C'est juste... Il vient... silence!

SCÈNE VII.

LE COMTE, DUPRÉ, LE BARON.

DUPRÉ.

Je ne me trompe pas... le comte de Tercy...
Et le baron Larrieul!... Par quel hasard ici?

LE COMTE.

Triple reconnaissance!... et comment va l'intrigue?

DUPRÉ.

Morte pour moi!...

LE BARON.

Tant pis!

DUPRÉ.

De tout on se fatigue...
Même du bien...

LE COMTE, à part.

Il rit.

(Haut.)

Quand nous espérions tant
De votre habileté... c'est du malheur, pourtant!

LE BARON.

Oui, nous comptions ici sur votre ministère...
Vous avez abdiqué... nous n'avons qu'à nous taire.

DUPRÉ.

A son premier métier l'homme habile toujours
Revient, comme l'amant, à ses premiers amours.
Parlez donc...

LE BARON.

C'est bien dit! Mais d'abord, par prudence,
Votre emploi dans l'hôtel?

DUPRÉ.

Homme de confiance!...

(Ils rient.)

Factotum!

LE COMTE.

Factotum?

DUPRÉ.

Eh! mais n'avais-je pas
Fait en détail déjà la plupart des états?

LE COMTE.

Celui d'auteur d'abord?...

DUPRÉ.

C'est par là qu'on débute.

LE BARON.

Vous auriez été loin...

DUPRÉ.

Mais oui... de chute en chute...

LE COMTE.

N'avez-vous pas un peu tripoté le coupon?

DUPRÉ.

J'y fus assez adroit... mais pas assez fripon.

LE COMTE.

Vous fîtes un journal?

DUPRÉ.

Oui, sur le frontispice
J'avais mis: *Bonne Foi, Confiance, Justice!*
Et le journal tomba...

LE BARON.

Faute de rédacteurs...

DUPRÉ.

Et faute d'abonnés, ainsi que de lecteurs.
Oh! pour plaire aux partis, vive l'indépendance!

LE BARON.

Puis vous fûtes commis...

DUPRÉ.

Oui, commis de finance.
Voulant me distinguer dans ce poste flatteur,
J'offris des plans nouveaux... mais tout réforma- [teur
Doit s'attendre à se voir, proposât-il merveille,
Chassé le lendemain... Moi, je le fus la veille...

LE COMTE.

Et quel est votre emploi près de M. Verdier?

DUPRÉ.

Parbleu! j'en ai plusieurs. Je suis, chez le banquier,
Peintre, décorateur, architecte...

LE BARON.

La tâche
Est rude... car jamais vous n'aviez, que je sache,
Manié ni compas ni pinceaux...

DUPRÉ.

Faible écueil!
Eh! qu'importe la main, quand on a le coup d'œil!
J'ai de bons ouvriers, le reste est accessoire...
Le travail est pour eux, pour moi l'or et la gloire.

Je les paie assez bien, ils ne murmurent pas.
Ici, je suis la tête, ils ne sont que les bras...
Et c'est, vous le savez, la tête qu'on couronne.

LE COMTE.

Pour se faire un beau nom, la recette est très
(Avec réflexion.) [bonne.
Mais grâce au factotum, de notre Turcaret
La ruine est certaine !... A ce qu'il me paraît,
Notre antique manoir, le château de Franville,
De l'ostentation est l'éternel asile.
On dit que le banquier renouvelle en ces lieux
Les prodigalités de mes nobles aïeux,
Et celles qu'imita le baron de l'empire?

DUPRÉ, froidement.

Erreur!... Parler ainsi du banquier, c'est médire.
Spéculateur prudent, agioteur adroit,
Son esprit positif s'enthousiasme.... à froid;
Chez lui, tout est calcul... même l'extravagance...
Aussi, tout est profit... jusques à la dépense...

LE BARON.

A la bonne heure !... au moins ça me rassure un
Car nous venons ici risquer un fier enjeu... [peu,

DUPRÉ.

Votre va-tout, je sais...

LE COMTE.

Mais oui... notre personne;
Aux chances de l'hymen pour moi je m'abandonne.
Héritiers ruinés des plus vieilles maisons...
Nous ne sommes plus fiers, Dupré, nous épousons,
Les vilaines...

DUPRÉ.

Surtout quand elles sont jolies,
Et vous ne comptez plus cela dans vos folies.
(Au baron.)
Et vous, fils de l'empire ?...

LE BARON.

Eh! mon cher, à mes yeux
La gloire a de l'éclat... mais l'or brille encor mieux.
Je suis de son école... A présent, c'est Barême,
Et non Gentil-Bernard, qui nous dit comme on
[aime.
Je marche avec le siècle... On le croit progressif,
Non, non; cœur, tête et bras, tout vise au positif.

DUPRÉ.

S'enrichir, aujourd'hui c'est la loi de nature.
Epouse-t-on? l'amour qu'on doit à sa future
Se règle sur la dot; on touche, et puis après
On sait combien l'on aime... à dix centimes près.
Et l'on aurait bien tort d'en gloser; car, en somme,
Cette conduite-là n'est que logique... l'homme
Pour payer seulement cherche à se marier,
Donc, pour se marier, la femme doit payer...
C'est évident !...

LE COMTE.

Dupré débite des maximes
Qu'au siècle où nous vivons on doit trouver subli-

DUPRÉ. [mes...

Je m'en flatte, messieurs... Mais sur quoi fondez-
L'un et l'autre, l'espoir de devenir époux? [vous,

LE COMTE.

Sur une vanité de nos mœurs politiques.
Le banquier veut toucher aux affaires publiques.
A Versaille, on élit demain un député;
Je l'ai fait candidat... et s'il est présenté
Par mon oncle le duc au sein de l'assemblée,
Comme un légitimiste il passera d'emblée.
Il me donne sa fille... et cela garantit,
Aux yeux de tous les miens, son excellent esprit.

DUPRÉ.

C'est ravissant !...
(Au baron.)
Et vous?...

LE BARON, qui est allé s'asseoir sur la causeuse.

Parbleu! semblable histoire.
Au faubourg Saint-Antoine, on garde la mémoire
Du baron de Larrieül... Quand j'y passe à cheval,
Chacun vient saluer le fils du général!
Au conseil de la Ville une place est vacante,
Au suffrage public le banquier se présente,
Et j'apprends ce matin que son triomphe est sûr.

DUPRÉ.

Et de deux !... Quoi! baron, le beau-père futur
Veut être conseiller municipal ?

LE BARON.

Sans doute;
Et ma protection va lui frayer la route.
J'en ai parlé... son nom se répand au faubourg,
Et demain sortira de l'urne au premier tour.
En apprenant qu'à moi sa fille s'associe,
On le croit le soutien de la démocratie;
Il devient populaire, et mon adoption
En fera le banquier de l'opposition,
Car, grâces au reflet que mon père me donne,
Je suis le peuple...

DUPRÉ.

Vous?

LE BARON, se levant.

Oui, le peuple en personne...
Au faubourg, ils en sont à l'ingénuité...
Ils confondent encore empire et liberté!

DUPRÉ.

Mais j'y pense : en ces lieux nous n'avons qu'une
Et vous êtes deux... [fille,

LE COMTE.

Oui... mais c'est par là que brille
Le beau-père... Il a su prudemment nous cacher
Que vers le même but il nous faisait marcher.

DUPRÉ. [semble?

Et comment marchez-vous si bien d'accord en-
Je vous connus jadis plus jaloux, ce me semble.

LE COMTE.

Nous avons fait la paix...

LE BARON.

Mais j'entends dans la cour...

DUPRÉ.

Le patron!

LE COMTE.

Nous allons...

DUPRÉ, les arrêtant.

Ce n'est pas votre tour,
De lui parler...

LE BARON.

Comment?...

DUPRÉ.

Eh! toute la coulisse
Est là.

LE COMTE.

Partons alors; si l'heure est peu propice,
Chez moi je vais l'attendre... A la ville des rois
Ce matin je conduis son député bourgeois.

LE BARON.

Moi, j'ai pris rendez-vous... et, cornac politique,
J'irai le promener de boutique en boutique...

DUPRÉ.

Le voilà! comme un chêne au milieu d'arbrisseaux,
Comme un roi féodal avec ses grands vassaux.

(Le Baron et le comte sortent, bras dessus bras dessous, par la seconde porte de gauche, pendant que Verdier entre par la seconde porte de droite, suivi d'agents de change, de courtiers et d'un Industriel.)

SCÈNE VIII.

DUPRÉ, VERDIER, COURTIERS AGENTS DE CHANGE; au second plan, UN INDUSTRIEL.

VERDIER, un journal à la main.

Oui, messieurs, il le faut... à l'œuvre, et qu'on s'empresse...
Nous devons du pays soutenir la richesse...
De son puissant crédit nous sommes les leviers;
En vain l'on nous flétrit du nom de loups cerviers...
Chaque gloire à son tour a brillé sur la France:
Les blasons, les lauriers .. enfin, de la finance
Le pouvoir aujourd'hui de tous est reconnu...

DUPRÉ, à part.

Le temps de l'Arabie est à la fin venu!

VERDIER, à un agent de change.

Le trois baissait hier... il faut qu'on le ranime.
(A un autre agent.)
Davol, prenez du Nord mille actions à prime.

L'INDUSTRIEL, s'avançant modestement.

Monsieur...

VERDIER.

Hein?...

L'INDUSTRIEL.

Vous deviez, avec attention,
Vous occuper...

VERDIER.

De quoi?

L'INDUSTRIEL.

De mon invention;
Avez-vous eu le temps d'en prendre connaissance?

VERDIER.

J'ai vu...

L'INDUSTRIEL.

Je crois que c'est d'un avantage immense
Pour le pays...

VERDIER.

Peut-être...

L'INDUSTRIEL.

Et tout m'est interdit,
Si je n'obtiens de vous...

VERDIER, avec ironie.

Je comprends... un crédit...

L'INDUSTRIEL.

Où le puis-je chercher?

VERDIER.

Toujours la même antienne...
Votre idée est chanceuse...

L'INDUSTRIEL.

Oh! qu'à cela ne tienne..
(Il lui donne un mémoire dont la couverture est de couleur facile à reconnaître.)
Des frais et des produits j'ai fait cet aperçu...
Qui doit vous garantir l'espoir que j'ai conçu.

VERDIER le donnant à Dupré, qui le garde à la main.

Je verrai... quand j'aurai le temps.
(Aux agents.)
Davol, en course...
Derigny, revenez une heure avant la bourse.
Rassurons le pays, c'est un but glorieux:
Au cercle, à Tortoni, répandez en tous lieux
La nouvelle du jour... D'autres la disent fausse...
Je la dis vraie... Allez... à la hausse!

DUPRÉ et LES AGENTS, en sortant.

A la hausse!

SCÈNE IX.

DUPRÉ, VERDIER, puis VALENTIN; ensuite Mlle VERDIER, LAURENCE.

VERDIER, à Dupré.

Maintenant, à nous deux!

DUPRÉ, lui présentant une carte de visite.

Ceci vous surprendra...
Une aimable visite...

VERDIER.

Et d'où?

DUPRÉ.

De l'Opéra!

VERDIER, lisant la carte.

Camille!... Eh quoi! vraiment? la charmante sirène...
Devinez-vous, Dupré, quelle raison l'amène?

DUPRÉ.

L'or n'est-il pas, monsieur, un métal aimanté
Dont le pouvoir magique attire la beauté?

VERDIER.

Si l'on était fat!... Non, sa sagesse est connue...
Et cependant son heure est peut-être venue...
Je suis veuf!

DUPRÉ.

Votre automne est vert comme un printemps.

VERDIER.

D'ailleurs, de l'Opéra les amours, en tout temps
Des puissances du jour furent l'heureux partage.

DUPRÉ.

Alors qui mieux que vous a droit à l'apanage,

VALENTIN, entrant par la seconde porte de droite, et parlant à l'industriel qui se montre à la porte et s'en retourne à l'instant.

Donc à son examen mon projet est soumis...
Voyons...

DUPRÉ, à Verdier en lui montrant le mémoire de l'industriel.

Mais ces papiers que vous m'avez remis...

VERDIER.

Qu'est-ce donc? Ah! ma foi, l'invention nouvelle
De ce fou.

VALENTIN, à part.

Que dit-il?

VERDIER.

Il me la donne belle!
Qui? moi, j'irais placer d'importans capitaux
Dans l'exploitation de procédés nouveaux?
Non... qu'il en cherche ailleurs... L'inventeur [d'une usine
Croit réussir d'abord... d'abord il se ruine;
Et l'on profite après...
(Il met le mémoire dans sa poche.)

VALENTIN, à part, avec amertume.

Je ne suis point déçu,
J'y comptais, et voilà comme il m'aurait reçu.
(Apercevant les dames qui entrent par le fond.)*
Laurence!

LAURENCE.

Nous voici!

VERDIER.

Comment?

LAURENCE.

Bonjour, mon père.

VERDIER, l'embrassant.

Quoi! dehors si matin?...

Mlle VERDIER.

Il nous restait à faire
Des achats pour Franville.

VERDIER.

Et Valentin aussi...
Votre sauveur?... Jamais il n'est de trop ici...
(Serrant la main de Valentin.)
Vous serez accueilli toujours dans ma famille
Mieux que dans aucune autre...

LAURENCE, vivement.

Une autre?...

VERDIER.

Eh! oui, ma fille...
Ah! tu ne sais pas tout... notre cher Valentin
Commence à se lancer... il fait le galantin...

LAURENCE, avec émotion.

Vraiment?

Mlle VERDIER, à part.

Elle se trouble.

LAURENCE, à part.

Ah!

VALENTIN, à Verdier.

Je ne puis comprendre...

LAURENCE, à sa tante.

Oh! je veux lui parler...

VERDIER.

Cela peut-il surprendre?

* Dupré, Mlle Verdier, Laurence, Verdier, Valentin.

VALENTIN.

Mais, monsieur...

VERDIER.

Vous feriez le discret vainement.
Hier, à l'Opéra, je vous vis...

VALENTIN.

Oui, vraiment.

VERDIER.

Dans la loge, parbleu, d'un banquier, d'un con- [frère...
Le baron Laversin... Tout en parlant au père
Vous regardiez la fille... Elle est fort bien, ma foi!

LAURENCE.

Vous la trouvez jolie?

VERDIER.

Oh! mais pas tant que toi.

Mlle VERDIER, bas.

Calmez-vous.

LAURENCE, bas.

Je ne puis.

VALENTIN, à part.

Laurence me soupçonne.

VERDIER.

Ne vous fiez pas trop à l'espoir que vous donne
Laversin...

VALENTIN, insistant.

Mais, monsieur...

VERDIER.

Jadis, tout franc, tout rond,
Il est bien fier... depuis qu'on l'a nommé baron.
Cependant espérez...

LAURENCE, bas.

Ma tante...
(Elle remonte avec Mlle Verdier; Valentin la regarde de loin.)

VERDIER.

Je vous quitte.

DUPRÉ, le retenant.

Le faubourg Saint-Antoine attend votre visite.

VERDIER.

Comment! vous savez?...

DUPRÉ.

Tout... les deux protections
Auxquelles vous devez vos deux élections.
Votre voiture est prête... et vous pouvez descendre.

VERDIER.

Pour courir le faubourg, je ne dois pas la prendre.
Auprès du populaire on sollicite à pié;
Par le luxe et l'éclat il est humilié.

DUPRÉ.

Je ferai dételer?...

VERDIER.

Non... qu'à l'Étoile on aille
M'attendre; car, après, je me rends à Versaille.

DUPRÉ, à part.

Il va flatter Versaille et caresser Paris!...
C'est clair!... l'homme d'argent est de tous les [partis!

(Mlle Verdier et Laurence sortent par la seconde porte de droite; Verdier, par le fond, vivement; Valentin, par le fond, après avoir jeté un regard triste vers Laurence.—Dupré suit Verdier et Valentin.)

ACTE DEUXIÈME.

Même décor qu'au premier acte.

SCÈNE I.

DUPRÉ, à lui-même.

Voyons, je dois songer, en architecte habile,
Aux travaux de Paris comme à ceux de Franville.
(Prenant deux dessins qu'un jeune homme assis à la table de gauche est occupé à terminer.)
Vos dessins sont charmans et d'un aimable aspect.
Le goût en est exquis et le trait fort correct.
Ils prendront sous ma brosse un fameux caractère!
Par un autre que moi si je le laissais faire,
Votre travail serait ou maigre ou mal rendu...
Mais, grâces à ma main, rien ne sera perdu.
Ne trouvez pas mauvais que j'ose me permettre
D'arranger en peignant, de corriger peut-être...
Je prétends arriver jusqu'à l'illusion,
Et mon pinceau fera valoir votre crayon.
(Le dessinateur qui s'était levé sort par la porte de gauche du deuxième plan, en emportant un carton.)
A l'autre maintenant! Et de tout ce manége,
Que le secret gardé m'assiste et me protége.
(Il va ouvrir la première porte de droite, et appelle. — Un peintre arrive, la palette et les pinceaux à la main.)
Hep!...Voici deux dessins que je viens d'esquisser
Pour le petit salon... vite, il faut les brosser.
Si votre goût y voit quelque faute de style,
Corrigez mon travail... je vous sais fort habile;
Du maître soutenez la réputation,
Et que votre pinceau relève mon crayon.
(Le peintre sort en emportant les deux dessins.)
Et voilà comme on fait ici bas ses affaires.
L'étude et le travail ne sont que des chimères.
Je vois un bon marcheur, je grimpe sur son dos;
Il se fatigue en route, et j'arrive dispos.
Jadis on m'appela Figaro sans idée...
Il m'en vint une un jour et je l'ai fécondée.
J'exploite les talens placés sous l'éteignoir...
Le savoir-faire ici vaut mieux que le savoir.
(Regardant vers le fond.)
Le patron!... A son air, oh! la journée est bonne!

SCÈNE II.

VERDIER, DUPRÉ.

VERDIER, rayonnant.
J'ai la chance... et jamais elle ne m'abandonne.

DUPRÉ.
A Versaille, au faubourg, vous avez réussi?...

VERDIER.
De mes élections je n'ai plus de souci;
Mais ce n'est pas tout.

DUPRÉ.
Bah! vraiment?

VERDIER.
Je sollicite
Le titre de baron.

DUPRÉ.
Baron! La réussite
Est douteuse pour vous...

VERDIER.
Le ministre m'a dit
Que j'y pouvais compter... Il sait tout mon crédit,
Et combien à la Bourse un coup de ma tactique
Peut, à certains momens, aider sa politique.

DUPRÉ.
Prenez garde, monsieur... le ministre est adroit...
S'il connaît vos projets d'élection, son droit...

VERDIER.
Entre nous deux tant pis s'il sème la discorde.
Pour son arc, l'homme habile a toujours double [corde.
(Confidentiellement.)
Vous savez, cet emprunt, qu'un ministre étranger
Veut conclure... je puis me le faire adjuger;
Et si je le souscris, à de gros bénéfices
En argent on joindra, parmi les bons offices,
Un cordon jaune, avec le titre précieux [lieux...
De baron de Burktahl, d'Asporth et d'autres
Cependant, mon ami, je prétends à la France,
Jusqu'au dernier moment, donner la préférence.

DUPRÉ.
Vous tenez donc beaucoup aux titres?

VERDIER.
Nullement!
Si je veux en avoir, ce n'est uniquement
Que pour les opposer à quiconque en possède.
Du baron Laversin le sot orgueil m'obsède...
Je serai comme lui...

DUPRÉ.
Très bien!
(A part.)
Sot orgueilleux.

VERDIER.
Baron...

DUPRÉ.
Et vos écus vous serviront d'aïeux.

VERDIER.
Mais j'oublie en causant une importante affaire,
Un versement de fonds... Si l'on tarde à le faire,
Je ne pourrai, chez moi cloué par le devoir,
Passer chez la diva...

DUPRÉ.
Bon!... vous irez la voir?...

VERDIER, avec fatuité.
L'occasion!... Mais, chut!...

DUPRÉ.

Comptez sur mon silence,
Faublas !...

VERDIER.

Au ministère allez en diligence
Pour mon titre... sachez si l'on s'est décidé,
Si ce qu'on m'a promis me doit être accordé.
Des honneurs, à la fin, je veux suivre la voie...
Si je puis réussir, quelle sera ma joie!
Allez... nul comme vous jamais ne m'obligea...

DUPRÉ.

Ah! monsieur le baron!...
(Verdier fait un mouvement.)
Le mot me vient déjà!

VERDIER, le caressant du geste.

Flatteur!...
(Il rentre dans son cabinet.)

SCÈNE III.

DUPRÉ, puis LAURENCE.

DUPRÉ.

Maître renard m'a bien montré la route...
Et je vis aux dépens... du banquier qui m'écoute.

LAURENCE, entrant vivement par la droite, sans voir d'abord Dupré, qui s'est rapproché du cabinet de Verdier.

Il entre dans l'hôtel... oui, je viens de le voir.
Pour moi, comme pour lui, parler est un devoir...
O ciel!... monsieur Dupré!...

DUPRÉ.

Pardon... Mademoiselle
Cherche quelqu'un?

LAURENCE.

Moi... non... Mon père vous appelle,
Je crois...

DUPRÉ, étonné.

Monsieur Verdier?... Il me quitte à l'instant...
Que peut-il me vouloir?...

LAURENCE, embarrassée.

Je... ne sais...

DUPRÉ, qui s'est retourné vers le fond et a aperçu Valentin.

Ah!... pourtant
Je devine... et je dois soudain battre en retraite...
(A part.)
Car je soupçonne ici ma présence indiscrète.
(Il sort par la porte du pan coupé de gauche, au moment où Valentin entre par le fond.)

SCÈNE IV.

VALENTIN, LAURENCE.

LAURENCE.

Le voilà...

VALENTIN.

Je rends grâce au hasard...

LAURENCE.

Soyons vrais.
Ce n'est point le hasard... j'attendais...

VALENTIN.

J'espérais
Moi-même vous parler; car j'ai cru reconnaître
Que de mes sentimens...

LAURENCE.

Vous en êtes le maître...
Mais vous deviez penser combien il serait doux
A ceux qui, chaque jour, forment des vœux pour [vous
De vous féliciter d'une chance opportune,
Et de vous voir ainsi marcher à la fortune...
Au bonheur!...

VALENTIN.

Le bonheur!... il n'en est point là pour moi,
Laurence... et j'aurais tort de l'y chercher...

LAURENCE.

Pourquoi?
Mon père vous l'a dit, vous pouvez y prétendre.

VALENTIN.

Jamais je n'y songeai...

LAURENCE.

Pourtant...

VALENTIN.

Veuillez m'entendre...
Oh! ne supposez pas que, manquant de fierté,
Et de mes droits sentant l'infériorité,
Je voie en cet hymen un honneur trop insigne.
Sans orgueil, je croirais n'en être pas indigne...
Et je le prouve assez quand, plus présomptueux,
Cent fois plus haut encor j'ose élever mes vœux.

LAURENCE.

Plus haut! Comment, monsieur?

VALENTIN.

Daignez me laisser croire
Que mon espoir en vous ne fut point illusoire,
Laurence, et qu'en ces lieux, près de vous assidu,
Quand je n'osais parler, vous m'avez entendu.

LAURENCE, avec joie, à part.

Ah!

VALENTIN.

Vous pouvez alors facilement comprendre
Que votre trouble ait dû, ce matin, me surprendre.
Eh quoi! Laurence aurait pu penser que mon cœur,
Étouffant à la fois la tendresse et l'honneur,
Ce cœur qui n'a pas craint de porter son hommage
Sur un trésor du ciel, sur son plus noble ouvrage,
Irait chercher ailleurs un plus heureux retour,
Et par un vil calcul escompter son amour?
Non, son esprit trop droit, son âme trop sensée,
Ne saurait concevoir une telle pensée.

LAURENCE.

Pardonnez, Valentin... par l'amour et l'orgueil
Je suis heureuse et fière!... et, quel que soit l'accueil
Qu'à nos vœux mutuels ma famille prépare,
Devant vous, sans rougir, à mon tour je déclare
Que si mon cœur conçut quelque soupçon jaloux,
C'est que je me croyais trop peu digne de vous.

VALENTIN.

Que dites-vous, Laurence!... Ah! lorsque votre [père
Rêve d'autres projets, c'est en vous que j'espère...

LAURENCE.

Comme moi maintenant en vous... Mais croyez [bien
Que mes beaux prétendans de moi n'obtiendront [rien.
Je me sens en état d'affronter la tempête,
Car mon cœur marche ici d'accord avec ma tête...

VALENTIN.

Votre tante d'ailleurs nous prête son appui...

LAURENCE.

Peut-être...

VALENTIN.

En doutez-vous?...

LAURENCE.

Et tenez, aujourd'hui,
Pour la première fois, je l'évite... et je tremble
Que son œil inquiet ne nous surprenne ensemble...

VALENTIN.

Je pars...

LAURENCE, lui tendant la main.

Qu'il ne soit donc, bravant toute autre loi,
Que moi pour Valentin, que Valentin pour moi.

(Valentin lui baise la main et sort par le fond.)

SCÈNE V.

VERDIER, Mlle VERDIER, LAURENCE.

Mlle VERDIER, sortant du cabinet de Verdier, bas, à Laurence.

Je ne me trompe pas... Valentin... Imprudente!
Seule avec lui...

LAURENCE, bas et souriant.

C'était nécessaire, ma tante.
Sans l'entendre pourquoi l'aurais-je condamné?

Mlle VERDIER, bas, et avec une sorte d'inquiétude.

Il est absous?

LAURENCE, bas.

A tort je l'avais soupçonné.

VERDIER, qui est entré après sa sœur; il ferme un calepin sur lequel il écrivait. *

Laurence, chère enfant, c'est ce soir que ton père
T'offre deux prétendans, dignes de toi, j'espère...
Je m'en fie à ton choix...

LAURENCE.

Je ne les connais point.

VERDIER.

Ils t'aiment tous les deux... c'est là le premier [point.
Puis ils ont un renom qu'à bon droit tu réclames.

LAURENCE, à sa tante.

Que faire?

Mlle VERDIER, bas, à Laurence.

Voir venir... c'est l'adresse des femmes.

VERDIER.

Tu feras mon bonheur aussi, car ton blason
Va du banquier Verdier bien poser la maison.

* Verdier, Laurence, Mlle Verdier.

LAURENCE.

Cette réflexion me laisse sans réplique...
Mon hymen est donc presque un hymen politique.
Du monde maintenant les banquiers étaut rois,
Leur race est au pays... Comme on vit autrefois,
Fidèle à ses devoirs, toute noble princesse
Sous la raison d'État étouffer sa tendresse,
La fille d'un banquier, moderne potentat,
Doit se sacrifier au bonheur de l'État...

VERDIER.

Le mot de sacrifice est injuste, et je pense
Qu'il sera rétracté par ma bonne Laurence...
Je ne te contrains pas... je te dis de choisir.

LAURENCE.

Entre deux seulement... Et si de mon désir
Un autre était l'objet?...

VERDIER.

Un autre?

Mlle VERDIER, vivement.

Elle suppose.

VERDIER.

A la bonne heure, au moins...

Mlle VERDIER, bas, à Laurence.

Prenez garde, et pour cause.

VERDIER.

Je compte sur ma sœur, sur son prudent conseil,
Pour calmer cet esprit constamment en éveil;
Cette tête est bien jeune et non des plus sensées.

LAURENCE.

Vous l'avez dit, mon père, à ces graves pensées
Je ne dois pas encor me laisser entraîner...
De ma leçon d'anglais j'entends l'heure sonner.

(Elle sort gaîment par la seconde porte de droite.)

SCÈNE VI.

VERDIER, Mlle VERDIER.

VERDIER, la regardant sortir.

Elle me fuit...

Mlle VERDIER.

Quel cœur et quel esprit d'élite!

VERDIER.

Chacun en fait honneur à votre haut mérite.
Mais, voyons: trouvez-vous mes projets impru- [dens?

Mlle VERDIER.

Oui...

VERDIER.

La raison, sans doute, est que les prétendans
Sont nobles...

Mlle VERDIER.

Suis-je donc à ce point ridicule?

VERDIER.

Alors, que craignez-vous?

Mlle VERDIER.

Mais sur vous on spécule!

VERDIER.

La spéculation est pour nous tous, ma foi.
Ils y gagnent de l'or; ma fille, un titre... et moi,
Vous savez aujourd'hui quelle route on me fraie.

Mlle VERDIER.

Parfait calculateur, quoi! rien ne vous effraie?
Leur prodigalité, leurs chevaux et leur jeu...

VERDIER.

S'ils dépensent beaucoup, c'est qu'ils possèdent peu.
Riches, vous les verrez devenir économes... [mes.
Voilà comme aujourd'hui font tous nos gentilshom-
Laurence est une enfant... Pour elle, songez-y :
Ce soir même à Franville, il faut qu'elle ait choisi.
(S'échauffant tout à coup.)
Vous verrez... Je n'ai rien épargné pour la fête :
Je prétends qu'elle soit et brillante et complète;
Qu'aux yeux des invités éclate ma splendeur...
Quitte à restreindre après tout notre intérieur.

Mlle VERDIER.

C'est bien! vivre d'orgueil une seule journée,
Et de privations le reste de l'année!

VERDIER.

Ma sœur!... le sort qu'ici mon amitié vous fait
N'est pas à dédaigner, ce me semble...

Mlle VERDIER.

En effet...
(Avec douceur.)
Mais au sein de Paris vous m'auriez oubliée,
Sans votre vanité qui fut humiliée.
De mon état obscur votre éclat se tachait;
Je chantais aux concerts, je courais le cachet,
Et vous ne pouviez pas, sans un tort manifeste,
Me voir continuer ma carrière modeste :
Votre voix m'appela; mon changement fut prompt.
Du talent d'une sœur je vous sauvai l'affront.
Tel secours bien donné n'est qu'un calcul habile :
Souvent dans un parent qu'on prend à domicile,
J'aperçois une enseigne où le maître orgueilleux
Dit à tous : « C'est ici que l'on est généreux! »

VERDIER.

Ma sœur!...

Mlle VERDIER.

Ne croyez pas qu'avec plaisir je fronde;
L'orgueil, je le sais trop, régit tout dans le monde.
Mais que dans votre cœur aujourd'hui triomphant,
Il ne soit pas du moins funeste à votre enfant!

VERDIER.

Mon enfant! mais si j'ai de l'orgueil c'est pour [elle!...

Mlle VERDIER, à part.

Il appelle cela tendresse paternelle!

SCÈNE VII.

VERDIER, LE COMTE, Mlle VERDIER, UN DOMESTIQUE, à la porte.

LE DOMESTIQUE, annonçant.

Le comte de Tercyl...

LE COMTE, allant serrer la main de Verdier.

Cher monsieur, votre main...
(A Mlle Verdier.)
Madame... le hasard me permet donc enfin
De vous offrir...

Mlle VERDIER, saluant froidement.

Pardon, une affaire importante...
(Elle sort par la droite, au fond.)

SCÈNE VIII.

VERDIER, LE COMTE.

LE COMTE, à part.

Eh! eh! je ne crois pas beaucoup plaire à la tante.

VERDIER, embarrassé du départ de sa sœur.

Cher comte, excusez-la... Vous devez concevoir
Que de ma bonne sœur la fête de ce soir
Réclame tous les soins...

LE COMTE.

De sa magnificence
Chacun parle déjà... Mais la belle Laurence
En sera, j'en suis sûr, le plus bel ornement.

VERDIER.

A propos, vous m'avez appuyé noblement,
Ce matin, à Versaille...

LE COMTE.

Eh! monsieur, de mon zèle
Ne m'offrez-vous donc pas récompense assez [belle?
Puissé-je l'obtenir!...

VERDIER.

Vous l'obtiendrez.

LE COMTE.

J'ai peur,
A ne vous rien céler, qu'ici, pour mon malheur,
Un rival...

VERDIER, inquiet.

Un rival?

LE COMTE.

J'en ai la mort dans l'âme.

VERDIER, de même, à part.

Sait-il que du baron j'encourage la flamme?

LE COMTE.

N'ai-je pas vu céans, hier et ce matin,
Un jeune homme?

VERDIER, à part.

Aïe! aïe! aïe!...

LE COMTE.

Un monsieur Valentin?...

VERDIER, à part.

Je respire.
(Haut.)
Ah! ah! ah!... Comment! vous pourriez [croire?...

LE COMTE.

Un amoureux craint tout...

VERDIER.

Non... c'est tout une histoire...
Naguère, Valentin a d'un très grand danger
Sauvé ma sœur, ma fille... et j'ai dû l'engager
A prendre pied chez moi... mais par reconnais- [sance...

LE COMTE.

Ma foi!...

VERDIER.

Votre frayeur serait presque une offense.

Veuillez y réfléchir, cher comte... un inconnu,
Sans nom et sans fortune... on ne sait d'où venu.
Quels furent ses parens? De pauvres gens, sans
A le questionner j'hésite... je redoute [doute...
De blesser son orgueil... il est fier, important...
Le voici.

SCÈNE IX.

VALENTIN, VERDIER, LE COMTE.

VERDIER, à Valentin qui entre par le fond.
Venez donc... Je disais à l'instant
Ce qui vous lie à nous et par quel trait d'au-
VALENTIN. [dace...
Le hasard m'a servi, car tout autre, à ma place...
VERDIER.
Vous vous faites toujours trop modeste.
(Au comte.)
Eh, parbleu!
Pour m'acquitter, il faut que vous m'aidiez un peu.
Vous êtes bien lancé... je vous le recommande.
VALENTIN, à part.
Protégé par lui!... Moi!...
VERDIER, au comte.
Votre influence est grande...
VALENTIN.
Monsieur Verdier, de grâce...
VERDIER, bas, à Valentin.
A bas cette fierté!
(Haut, au comte.)
Soyez donc son appui!...
VALENTIN.
Mais...
LE COMTE, d'un ton protecteur.
Je m'y sens porté...
Quand l'hymen va m'unir à la belle Laurence,
Je dois m'unir de même à sa reconnaissance.
(A Valentin.)
Vos talens?...
VALENTIN.
Si j'avais désiré quelque emploi,
Déjà monsieur Verdier aurait agi pour moi,
Je l'en aurais prié... Chaque âge a sa puissance...
Aujourd'hui la richesse a toute l'influence;
Et qui cherche un soutien doit toujours s'appuyer
Non sur un duc et pair, mais bien sur un ban-
[quier.
VERDIER, à part, en se frottant les mains.
Le gaillard a raison...
VALENTIN, au comte.
Recevez mon excuse,
Mais votre noble appui, monsieur, je le refuse
LE COMTE, avec ironie.
Fort bien...
VERDIER, étonné.
Vous refusez!...
VALENTIN.
Toute protection
Qui n'aurait pas pour but l'association...
Oh! j'accepte en ce cas la force mutuelle
Qu'on puise à cette source active et fraternelle;
Sinon, j'irai toujours, comme j'ai débuté,
Seul avec mon courage et mon activité.
LE COMTE, à part.
Quel est donc ce monsieur?...
(Haut.)
J'admire ce langage
Et si vous nous disiez...
VALENTIN.
Laissez-moi l'avantage
De mon incognito... puisque vous ne savez
Si je vous dois respect, ou si vous m'en devez.
LE COMTE.
L'incognito souvent dénote un homme habile.
Mais qu'auriez-vous donc fait sans un secours
Si vous fussiez parti d'une condition [utile,
Trop obscure et que frappe encor l'opinion?
VALENTIN.
Bravant l'opinion sur une erreur assise,
Je l'aurais méprisée ou je l'aurais conquise
VERDIER.
Au fait, ce sentiment est par moi bien reçu.
Mais d'un sang distingué si vous étiez issu?...
VALENTIN.
Tout distingué qu'il fût, fidèle à mon système,
J'aurais d'abord voulu me distinguer moi-même.
C'est une lâcheté qu'un noble cœur ressent
De devoir tout au nom qu'il reçut en naissant.
Un grand qui ne fait rien pour l'honneur de sa race,
Du rang de ses aïeux mérite qu'on l'efface.
S'il joint son propre éclat à leur nom glorieux,
Il recommence alors sa race à tous les yeux;
Il dote son pays d'un souvenir illustre,
Sur son digne blason il jette un nouveau lustre,
Et, par sa propre gloire et sa célébrité,
Laisse un nouvel exemple à sa postérité.
LE COMTE.
Ah! je le reconnais à cette heureuse veine!
Monsieur est un Caton de race plébéienne,
Sur vous comme sur nous n'épargnant pas les cris,
Et voulant s'établir sur nos communs débris.
Mais arrivez un jour, messieurs les bons apô-
[tres!...
Nous avons nos censeurs et vous aurez les vôtres.
Triomphez seulement... et la critique, alors,
Comme elle a fait de nous, vous prendra corps à
VALENTIN. [corps.
Et ce sera justice... Oh! pour tout ridicule
La critique a son fouet, la presse a sa férule;
Qu'elles s'en servent donc, et sans jamais broncher,
Dans les mauvais sentiers si l'on nous voit marcher;
Qu'elles frappent sur nous, si le froid égoïsme
De l'or vient prolonger le honteux despotisme;
Qu'elle frappent encor, si chez nous on peut voir
Marquis du lansquenet, chevaliers du boudoir,
Enrichis par le jeu, ruinés par l'orgie,

Dont l'avenir perdu bientôt se réfugie
Dans l'appui désastreux, le secours obligeant
Des places de faveur ou d'un hymen d'argent.

LE COMTE.

Eh! mais, mon cher monsieur, pensez-vous que [j'endure
Plus long-temps un discours qui passe la mesure?

VERDIER.

En effet, Valentin, le comte de Tercy
Ne peut vous pardonner ce qu'il entend ici.

VALENTIN.

Est-ce ma faute, à moi, si la vérité blesse,
Et si quelqu'un la croit lancée à son adresse?

LE COMTE.

Qui donc pourrait former des projets aussi bas?

VALENTIN.

De quoi vous plaignez-vous si vous n'en formez pas?

VERDIER.

Mon cher, l'allusion était désobligeante...

VALENTIN.

On excepte toujours la personne présente...
Mais sur moi vous pouvez dire la vérité;
Je sors... ne voulant pas, messieurs, être excepté.

(Il sort par le fond.)

VERDIER, au comte.

Pardonnez!...

LE COMTE.

Voyez-vous les airs qu'ils osent
Nous gâtons ces gens-là. [prendre?

VERDIER.

Je n'y puis rien comprendre.
Envers lui je veux bien, sans jamais m'oublier,
Etre reconnaissant... mais non pas familier...
Ah! diable! voici l'heure où l'on doit à ma [caisse
Faire un grand versement... Il faut que je vous [laisse.

LE COMTE.

Ne vous gênez point...

(Verdier entre dans son cabinet.)

SCÈNE X.

LE BARON, LE COMTE.

LE COMTE.

Moi, de ce sauvage-là
Je dois me défier...

(Apercevant Larricul.)

Ah! baron, te voilà.

LE BARON, qui, entré par le fond, se dirigeait vers le cabinet du banquier.

Je te trouve à propos.

LE COMTE.

Quoi donc? quelle nouvelle?

LE BARON, le considérant.

Eh! mais, avant qu'ici je ne te la révèle,
D'où vient l'émotion que je lis sur tes traits?...

LE COMTE.

Tu le sauras plus tard... Voyons donc!

LE BARON.

J'accourais
Pour parler au banquier, car toujours je redoute
Quelque accroc... Mais sais-tu qui j'ai vu sur ma [route...
Dans la cour de l'hôtel?... Camille...

LE COMTE.

Autre embarras!

LE BARON.

J'ai su l'éviter...

LE COMTE.

Bien!...

LE BARON.

Et j'ai hâté le pas
Pour monter...

LE COMTE.

Imprudent! elle t'a vu peut-être?...

LE BARON.

Non...

LE COMTE.

Alors, en ces lieux gardons-nous de paraître...
Partons...

LE BARON.

Oui, sur-le-champ... Ah! diable!

LE COMTE.

Il n'est plus temps.

(Ils s'arrêtent l'un et l'autre.)

SCÈNE XI.

LE BARON, CAMILLE, introduite par UN DOMESTIQUE, LE COMTE.

LE DOMESTIQUE.

Veuillez, madame, attendre ici quelques instans.

(Il traverse le théâtre et entre dans le cabinet.)

LE COMTE et LE BARON, ne pouvant éviter Camille et jouant la surprise.

Camille!...

CAMILLE.

Ah! vous, messieurs!... par quelle heureuse [chance?
La noblesse aujourd'hui visite la finance?

LE COMTE.

Mais, oui...

CAMILLE.

C'est généreux...

(A part.)

Quelque besoin urgent
Les amène tous deux chez un homme d'argent.

LE COMTE.

C'est Verdier qui reçoit et mes baux et mes rentes...

(A part.)

Cela fait bien.

LE BARON.

Moi, j'ai des affaires courantes
Que son caissier me règle à chaque fin de mois.

(A part.)

Cela ne pourra pas me nuire, je le crois.

LE COMTE.

Mais, vous, Camille, vous, pourquoi cette visite?

CAMILLE.

Le motif ne peut-il se deviner bien vite?

Après un long congé qui m'a bien réussi,
Je puis avoir affaire aux banquiers, Dieu merci!

LE COMTE.

Hier au soir, de Verdier vous demandiez l'adresse.
Vous avez de l'argent à verser dans sa caisse...
Oh! Londre est généreuse envers vous, cher trésor,
Et les lauriers, là-bas, sont chargés de fruits d'or.

LE BARON.

Aussi, nous vous laissons...

LE COMTE.

A demain soir, méchante!

LE BARON.

A demain, monstre affreux!...

CAMILLE, les saluant.

Je suis votre servante.

(Ils sortent en témoignant leur contrariété.—Au même instant, Verdier sort de son cabinet.)

SCÈNE XII.

VERDIER, CAMILLE.

VERDIER, en entrant et à lui-même.

Rien encore... Ces fonds me feraient-ils défaut!...
Avant la Bourse, ici, pourtant, il me les faut.
(A Camille.)
Vous attendiez, madame... Ah! combien je re- [grette...

CAMILLE.

Ma démarche en ces lieux est peut-être indiscrète.

VERDIER.

Le pourriez-vous penser? Trop heureux si je puis
Vous servir.

CAMILLE.

C'est possible.

VERDIER.

Oh! jamais je ne fuis
Semblable occasion...
(A part.)
Quel air aimable et tendre!

CAMILLE.

Un instant suffira... Voulez-vous bien m'entendre?

VERDIER, lui indiquant la causeuse.

On vous entend toujours avec ravissement,
C'est l'emploi du public.

CAMILLE.

Merci du compliment.
(Ils sont assis.)
Le ciel me fit présent d'une heureuse mémoire.

VERDIER.

Pour les jeux de la scène, avantage notoire!

CAMILLE, souriant.

Je veux dire, monsieur, la mémoire du cœur.

VERDIER.

Ah! c'est pour votre état, dit-on, un grand mal- [heur!

CAMILLE.

Moi, je m'en félicite... et c'est ce qui m'engage
A venir...

VERDIER.

Par hasard, ai-je donc l'avantage
De vous avoir rendu quelque service?

CAMILLE.

Non..
Non pas vous... mais quelqu'un qui porte votre [nom,
Et dont le souvenir m'a toujours abritée
Contre tous les écueils d'une vie agitée.
Hier, à l'Opéra, quelqu'un vous appela.
A mon cœur, aussitôt, ce souvenir parla,
Et me fit rechercher l'honneur de vous connaître.
Je dis: monsieur Verdier! c'est un parent peut-être
D'une personne aimée et que, depuis long-temps,
Je ne puis retrouver dans Paris.

VERDIER.

Je prétends
La chercher avec vous... Et si je puis vous rendre
Cette personne, objet d'un intérêt si tendre,
Loin d'en être jaloux, j'en serai glorieux...
(Se penchant vers elle.)
Un amoureux, sans doute?...

CAMILLE.

Oh! non... c'est beaucoup mieux!
Un guide aimable et sûr, une femme éminente,
Esprit très distingué, pianiste excellente...
Jamais je ne trouvai de meilleur professeur...
Et je reçus long-temps ses leçons.

VERDIER, à part, et contrarié.

C'est ma sœur!
Diable!...

CAMILLE.

Depuis le jour qu'une loi rigoureuse
Me força d'adopter la carrière épineuse
Où de quelques succès on m'entoure aujourd'hui,
Jamais de mon esprit ses bons conseils n'ont fui.
A ses enseignemens mon cœur reste fidèle;
Et ce nom vénéré... que vous portez comme elle,
Me donne confiance en vous... Monsieur Verdier,
Je dépose en vos mains mon avoir tout entier,
(Elle lui donne un portefeuille.)
Heureuse de le mettre, en ma foi bien sincère,
Sous la protection d'un nom que je révère.

VERDIER.

Tant de délicatesse unie à tant d'attraits!...
(A part.) (Haut.)
Vraiment, c'est un trésor. Madame, je voudrais
Pouvoir vous présenter la personne d'élite
Que vous veniez chercher... mais... quoique le [mérite
Ne puisse humilier, jamais...

CAMILLE.

Bien... je comprends...
(A part.)
La finance et l'esprit sont rarement parens.

VERDIER, à part.

Elle est charmante... et si... Ma foi! je me ha- [sarde...

CAMILLE, étonnée d'un mouvement de Verdier.

Quoi?

VERDIER se remettant.

Quant à votre argent, madame, je le garde!
Vous avoir pour cliente est un insigne honneur.

(A part, tendant l'oreille vers la porte de son cabinet.)
Les fonds n'arrivent pas... j'ai le temps...
(Haut.)
Mon bonheur...

CAMILLE.

Est de faire valoir mes épargnes?...

VERDIER.

Sans doute.

CAMILLE.

C'est à merveille...

VERDIER, écoutant.

Chut!

CAMILLE, à part.

Qu'est-ce donc qu'il écoute?

VERDIER.

Camille, si j'en crois un présage bien doux,
Mon sort peut désormais me créer des jaloux.

CAMILLE, à part.

Mon Dieu! penserait-il? Oh! non, c'est impossible.

VERDIER.

Oui, vous m'en voyez fier... On a le cœur sensible
Bien que l'on soit banquier... N'en doutez pas... je [veux
Vous le prouver.. c'est là le plus cher de mes vœux.
Croyez enfin...
(S'arrêtant et à part, en regardant vers le bureau.)
Eh! eh!... ne viens-je pas d'entendre?...
Non...
(Haut.)
Camille...

CAMILLE.

Monsieur...

VERDIER.

Si je pouvais prétendre...

CAMILLE.

J'ai confiance en vous...

VERDIER.

Oh! je serai discret...

CAMILLE.

C'est-à-dire prudent...

VERDIER.

Le plus tendre intérêt...

CAMILLE, souriant.

Pour mon argent?

VERDIER.

Oui... oui, je veux qu'il vous rapporte
Un très grand bénéfice!

CAMILLE.

Et pas de jeu!...

VERDIER.

Qu'importe!
Oh! vous spéculerez à coup sûr avec moi.

CAMILLE.

A coup sûr? J'y perdrais beaucoup trop.

VERDIER.

Et pourquoi?...
Si je dois faire seul les frais de la campagne...
C'est toujours, avec vous, jouer à qui perd gagne...
Diva, parlez, parlez...

CAMILLE.

Mais, monsieur...

VERDIER, s'arrêtant et tendant l'oreille vers le cabinet.

Écoutez!...

CAMILLE.

J'écoute...

VERDIER.

Non, non, rien... J'espère en vos bontés...
(A part.)
L'oreille me tintait, et ce serait dommage
Que l'on vînt à présent...
(Haut et avec passion.)
De mon sincère hommage...

CAMILLE.

Monsieur...

VERDIER, à part.

C'est le moment, tombons à ses genoux...
(Haut.)
Oui, mon amour...
(Il s'arrête à un bruit d'argent qui retentit dans son cabinet.)

CAMILLE.

Eh bien?

VERDIER, qui s'inclinait pour se mettre aux genoux de Camille, se relevant à un nouveau bruit argentin qui se fait entendre.

Pardon!... je suis à vous.
(Il sort vivement.)

SCÈNE XIII.

CAMILLE, puis Mlle VERDIER.

CAMILLE.

A la voix de l'argent, l'amour a fait retraite...
Je ne m'attendais pas à pareille conquête...
Mais sortons; car je cours des dangers en ces lieux.
(Mlle Verdier entre par la droite.)
Ciel! que vois-je?

Mlle VERDIER.

Camille!... en croirai-je mes yeux?

CAMILLE, lui baisant les mains.

Camille, votre enfant... votre élève chérie...

Mlle VERDIER.

C'est vous!...

CAMILLE.

Recevez-moi dans vos bras, je vous prie...
Je suis digne toujours de ce bonheur.

Mlle VERDIER.

Allez,
Je sais, ma chère enfant, tout ce que vous valez.
Souvent à l'Opéra, comme la salle entière,
Mes mains vous ont donné des bravos...

CAMILLE.

J'en suis fière!...

Mlle VERDIER.

Oui, mais ce fut surtout du jour où l'on me dit
Que contre tout péril l'honneur vous défendit.

CAMILLE.

Je suis sur un terrain bien glissant, je vous jure...
Je n'y suis point tombée, et mon pas s'y rassure.
Mais comment êtes-vous ici?... Monsieur Ver- [dier...

Mlle VERDIER.

C'est mon frère.

CAMILLE.

Ah! très bien!
(A part.)
Oh! vaniteux banquier!

(Haut.)
Vous êtes donc enfin heureuse et fortunée?

Mlle VERDIER.

Heureuse? non...

CAMILLE.

Comment! ici?...

Mlle VERDIER.

Ma destinée,
S'écoulant sans plaisirs, était calme du moins.
Long-temps j'ai prodigué ma tendresse et mes soins
A ma nièce, une enfant que l'orgueil de son père
Jette dans un hymen à son bonheur contraire...
Entre un comte, un baron, elle doit faire un choix.

CAMILLE, comme frappée.

Tercy? Larrieul?...

Mlle VERDIER.

Sans doute.

CAMILLE.

Eh! maintenant je vois
Les motifs très prudens de leur fuite soudaine.

Mlle VERDIER.

Connaissant ces messieurs, vous comprenez sans [peine
Tout ce que notre enfant doit redouter, hélas!

CAMILLE, réfléchissant.

Je comprends, en effet... Eh! mais, oui, pourquoi [pas!...

Mlle VERDIER.

Nul moyen d'empêcher...

CAMILLE.

Peut-être.

Mlle VERDIER.

Quoi?

CAMILLE.

Je pense.
Quel jour concluez-vous cette noble alliance?

Mlle VERDIER.

On décide ce soir.

CAMILLE.

Le délai n'est pas long...

Mlle VERDIER.

A Franville, une fête a lieu...

CAMILLE.

Pressons-nous donc...
Ils sont rusés... pourtant, on peut les prendre au [piége.
Permettez qu'à mon tour, enfin, je vous protége...
Car je puis aujourd'hui vous servir...

Mlle VERDIER.

Qui? vous?...

CAMILLE.

Moi!
« On a souvent besoin d'un plus petit que soi. »
A Franville... ce soir... Le lieu sera propice...
Je m'invite...

Mlle VERDIER.

Comment?...

CAMILLE.

Eh! comme cantatrice,
Partout je suis reçue... Il faudra combiner
Un concert impromptu... vous pouvez l'ordonner...
On m'engage... à prix d'or... et j'accours au plus [vite...
Mais c'est bien entendu... ce soir, je vous [quitte...
Je chanterai gratis... et gratis j'agirai... [quitte...
Ah! mes petits amis, comme je vous jouerai!

Mlle VERDIER.

Ils sont deux!...

CAMILLE.

Je suis femme!... Allons, allons, courage...
D'un œil serein il faut voir passer cet orage.

Mlle VERDIER.

J'entends mon frère...

CAMILLE.

Adieu!... je pars comme un éclair...
Et vais me préparer... pour chanter mon grand air.

(Elles sortent toutes deux, Camille par le fond, Mlle Verdier par la droite.)

SCÈNE XIV

DUPRÉ, VERDIER.

VERDIER, entrant le premier.

Elle est partie... Entrez, Dupré... Donc vous me [dites?...

DUPRÉ.

Que l'on a refusé d'honorer vos mérites.
Ils ont su qu'aujourd'hui deux oppositions
Vous font le candidat de leurs élections...
Et dès lors, guerre ouverte...

VERDIER.

On provoque ma haine :
Tant mieux! de me venger je ne suis pas en peine...
Leur mépris fait ma force et j'aime leurs affronts...
(Regardant sa montre.) [rons!...
Une heure!... bien! dans peu nous nous mesure-
(Il va prendre son chapeau, qui est sur une chaise au fond.) *

DUPRÉ.

Tu ne prévois donc pas, imprudent ministère,
Par le bien qu'on t'a fait, le mal qu'on peut te faire?

VERDIER.

A subir tes leçons, tu me crois résigné...
Les cartes sont pour moi... Tu perds et j'ai gagné...
Ma puissance dans peu va se faire connaître...
Je me rends à la Bourse... elle est le thermomètre
Qui règle le crédit des hommes du pouvoir...

DUPRÉ.

Bien! faites-le descendre à zéro dès ce soir!

VERDIER.

Ministre chancelant, ton sort est dans ma caisse!...
(Allant à la porte des bureaux, d'où sortent trois ou quatre agens, leur carnet à la main.)
A la baisse, messieurs.

LES AGENS, avec surprise.

A la baisse?

VERDIER et DUPRÉ.

A la baisse!

(Tout le monde sort avec animation.)

* Verdier, Dupré.

ACTE TROISIÈME.

Le théâtre représente un petit salon très élégant et à pans coupés. — La porte d'entrée, au fond, donne sur un boudoir; la porte du pan coupé, à droite, conduit au cabinet de Verdier; la porte du pan coupé, à gauche, et celle du premier plan du même côté, communiquent dans les salons. — A droite, au premier plan, une porte-croisée donnant sur le jardin et le parc. — Sur le devant de la scène, à gauche, une table et tout ce qu'il faut pour écrire. — La première porte de gauche et la croisée de droite sont couvertes par de larges portières en tapisserie. — Les portes restent fermées, et il fait encore jour.

SCÈNE I.

DUPRÉ, Mlle VERDIER, LAURENCE.

DUPRÉ, allant au devant des dames qui arrivent par le fond.

Quoi! mesdames, c'est vous! je suis vraiment à plaindre!
Mes ouvriers encor sont occupés à peindre,
A clouer, à draper... et vous voilà... c'est mal!
Vous ne jouirez pas du coup d'œil général...
Voir les préparatifs, c'est renoncer d'avance
A toute illusion...

Mlle VERDIER.

Cette folle dépense
Et ce luxe princier qu'on affiche en ces lieux,
En détail comme en masse attachent peu nos yeux.

DUPRÉ.

Mais c'est ici, demain, que monsieur votre frère
Doit payer le château dans les mains du notaire.

Mlle VERDIER.

Trois millions!...

DUPRÉ.

Il doit en apporter bien plus
En effets ou billets, valant de bons écus,
Pour l'emprunt étranger qu'il signe.

Mlle VERDIER.

A la campagne?

LAURENCE.

A Franville?

DUPRÉ.

Il le faut, puisque pour l'Allemagne
L'ambassadeur qui traite avec lui, cette nuit
Quitte la capitale et s'éloigne sans bruit.

Mlle VERDIER.

Oh! je comprends alors...

DUPRÉ.

Est-ce que l'on transporte
Sans un besoin puissant une somme aussi forte?
L'Allemand vient au bal, lit les conditions
De l'emprunt, signe, et part avec les millions.
Tout est bien convenu...

Mlle VERDIER, à Laurence.

Rentrons...

DUPRÉ.

Pardon, madame.
Le comte et le baron, qu'un noble zèle enflamme,
Sont arrivés.

LAURENCE.

Déjà?

DUPRÉ.

C'est de la passion,
De l'ardeur!

Mlle VERDIER.

C'est plutôt de l'indiscrétion.

DUPRÉ.

Eh! tenez, je les vois au bout de l'avenue.

LAURENCE, se rapprochant de Mlle Verdier.

Ma tante!...

DUPRÉ.

Oui, tous les deux...

Mlle VERDIER.

Allons, l'heure est venue
De faire nos apprêts.

(Elles sortent par la gauche.)

DUPRÉ.

Ils visitent ces lieux
Où tour à tour jadis brillèrent leurs aïeux.
(A lui-même, et regardant toujours dans le parc.)
Ah! puisse l'un des deux être maître à Franville..
Le luxe y règne alors, et j'y deviens utile.

SCÈNE II.

DUPRÉ, VERDIER.

DUPRÉ, à part.

Le patron!...
(Haut.)
Venez donc, monsieur, chacun ici
Vous demande...

VERDIER, entrant, un portefeuille de banquier sous le bras et l'air agité.

A la fin, m'y voilà, Dieu merci!

DUPRÉ, regardant le portefeuille.

D'un portefeuille plein que l'aspect est splendide!
Sur ce cuir rebondi, pas une seule ride!
Vous avez là beaucoup de millions, je crois?...

VERDIER.

Silence, malheureux!
(Plus bas.)
Oui, mon cher, trente-trois!
En valeurs au porteur... D'abord, avec mystère,
Ce trésor, en lieu sûr, il faut que je le serre,
Là, dans mon cabinet...

(Il sort par la porte du pan coupé à droite; mais auparavant on l'a vu tirer de sa poche la clé de son cabinet.)

DUPRÉ, suivant de l'œil le portefeuille.

Que c'est majestueux!
A cette vue, on prend un air respectueux.
Oh! si je possédais un trésor aussi rare,
Comme j'y veillerais!... Je comprends un avare!
Mais à propos d'avare... il me faut prudemment
Faire approuver les frais du bal... C'est le moment

Avant la fête, il va signer sans rien débattre...
Après, sur chaque article il pourrait bien rabattre.

VERDIER, reparaissant.

Ah! me voilà tranquille en mon domaine...

DUPRÉ.

Eh! oui...
Comme un vieux châtelain.

VERDIER, s'étendant sur un fauteuil.

J'en suis tout réjoui!
(Tirant de sa poche le mémoire que lui a remis l'Industriel dans son bureau.)
A propos... ce projet qu'on m'est venu soumettre
Ce matin, vous savez?...

DUPRÉ.

Quelque rêve peut-être...

VERDIER.

Au contraire, parbleu! c'est grand, fécond, nou-
En venant, je l'ai bien médité... [veau!...

DUPRÉ.

Quel cerveau!...

VERDIER.

C'est vrai.

DUPRÉ.

Mais maintenant, au diable toute affaire!

VERDIER.

Non... Au sein des plaisirs, c'est encor pour en
Qu'ici mon portefeuille est plein à regorger. [faire,
Je dois payer Franville et l'emprunt étranger.

DUPRÉ.

Je sais... l'ambassadeur va venir?

VERDIER.

Eh! sans doute;
Franville justement se trouve sur sa route...

DUPRÉ.

Ainsi vous signerez au son des violons...

VERDIER.

Et tous mes invités, en quittant mes salons,
Pourront me saluer baron du Saint-Empire.
On va s'en étonner..

DUPRÉ, à part.

On va bien plus en rire.

VERDIER. [t-il?
Mais voyons, pour ce soir, Dupré, tout marche-

DUPRÉ.

N'en suis-je pas chargé?

VERDIER.

Soit... vous êtes subtil,
Habile, je le sais... mais fort sur la dépense.

DUPRÉ.

J'ai joint l'économie à la magnificence.

VERDIER.

Sage principe... Ainsi, la fête aura son prix?

DUPRÉ.

A Franville, ce soir, nous aurons tout Paris.

VERDIER.

Le Paris élégant?...

DUPRÉ.

Voyez plutôt la liste.
Pour se faire inviter, chacun suivait ma piste.

VERDIER, lisant une double feuille de papier que lui donne Dupré.

Bien! très bien! encor mieux!... Diable! je vois
Vous avez invité Dumontal? [un nom...

DUPRÉ.

Pourquoi non?...

VERDIER.

Il est taré.

DUPRÉ.

C'était l'opinion commune...
Il ne l'est plus.

VERDIER.

Vraiment?

DUPRÉ.

N'a-t-il pas fait fortune?

VERDIER, lisant encore.

Et le petit Forteuil?... cela ne tient à rien.
Un insolent... un fat!

DUPRÉ.

Qu'importe!... il polke bien.
On le reçoit chez soi, mais on ne le salue
Jamais, quand on se croise avec lui dans la rue.

VERDIER.

Quoi! les dames Bourdais... qui tiennent le comp-

DUPRÉ. [toir?
Marchandes le matin, élégantes le soir.
Sous les plumes et l'or qui peut les reconnaître?

VERDIER.

Des marchands! vous verrez... ça va me compro-

DUPRÉ. [mettre.
De vous contrarier je n'eus jamais dessein.
(A part, pendant que Verdier parcourt la liste.)
Aujourd'hui, le bureau fait fi du magasin;
Le magasin, déjà fier, aristocratique,
A son corps défendant fraie avec la boutique;
A la boutique aussi l'établi fait horreur,
L'établi de l'échoppe à son tour a grand'peur,
Et je crois que l'échoppe, en son humeur altière,
Commence à mépriser le modeste éventaire!...
D'orgueil, de vanité, tout n'est que ricochet.
(Voyant Verdier qui sourit complaisamment.)
A son sourire, on voit qu'il trouve son hochet.

VERDIER, avec emphase.

Le comte de Soreuil! le marquis de Vareille!
Voilà des noms connus qui restent dans l'oreille!

DUPRÉ.

Tout grands que soient ces noms, vous leur faites

VERDIER, se levant. [honneur.
Il m'en coûtera cher pour autant de bonheur!

DUPRÉ.

Quand un ordonnateur intelligent, habile,
Dirige de valets un personnel docile,
De restreindre les frais il est mille moyens.
Éclairage, souper, buffet, musiciens...
Sur chaque grand article on peut, avec adresse,
Porter l'économie.

VERDIER.

Et sans que ça paraisse?...

DUPRÉ.

En rien... Vous avez là le programme... voyez;
Et je ne doute pas que vous ne l'approuviez.

VERDIER, regardant la seconde feuille.

Mais d'articles, Dupré, la série est immense.

DUPRÉ.

Eh ! ne jugez donc pas, monsieur, sur l'apparence.
Attendez... Au jardin j'ai fait dresser des ifs
Et des feux d'artifice... A ces préparatifs,
D'une fête en plein air on se promet la joie;
Mais c'est pour les yeux seuls que cela se déploie.
Des apprêts qu'en ces lieux chacun admirera
Une part doit servir... l'autre vous restera.
Les fêtes sont chez nous sujettes aux orages;
Et si nous remettons, par nos calculs fort sages,
Bombes, gerbes, soleils à l'ombre, sous l'auvent,
Nous en accuserons ou la pluie ou le vent.
Ainsi l'ordonnateur qui connaît son affaire,
Sait profiter de tout... même de l'atmosphère.

VERDIER.

Bravo! ce qui sera cette nuit respecté
Pourra très bien servir pour nos fêtes d'été.

DUPRÉ.

Voilà ce que j'appelle un faste... économique.

VERDIER.

Eh! oui; mais essayez, mon cher, votre tactique
Sur le buffet d'abord, sur le souper enfin...
Tentez donc d'apaiser et la soif et la faim!

DUPRÉ.

Ne pouvant les calmer, du moins je les amuse:
Où la force succombe, on pratique la ruse.
On a l'art de grouper les chiffres, Dieu merci!
L'art de grouper les mets est découvert aussi.
Le souper est servi... Quelle sublime extase!
C'est un coup d'œil charmant! D'éloges on écrase
L'amphitryon, qui rit et se laisse louer.
Des chefs, toujours au fait du jeu qu'on va jouer,
Comme pour découper, par de grands coups de [maître,
Enlèvent tout de table, et font tout disparaître;
Puis revient la livrée, offrant de toutes parts,
Sur de grands plats d'argent, quelques morceaux [épars.
Chaque servant s'agite, accourt, va, se démène;
Un cri l'appelle au loin, un autre le ramène.
Sans s'en être servi, l'on change de couvert,
Et sans avoir mangé, l'on arrive au dessert.
Nul ne peut soupçonner un pareil artifice;
Tous avaient admiré le luxe du service...
Et chaque bout de table accuse l'autre bout
D'accaparer les plats, grâce au riche surtout
Dont les fleurs, s'élevant en montagnes perfides,
Arrêtent les regards loin des assiettes vides.

VERDIER.

Ah! ah! ah! c'est parfait!... Quel homme! En vé- [rité,
Je ris de ce festin si bien escamoté.

DUPRÉ.

Quand on sait calculer, toujours on s'y retrouve.

VERDIER.

Oui, certe... Aussi, mon cher, aveuglément j'ap- [prouve!

(Il va signer à la table à gauche.)*

Ses plans d'économie embrassent chaque objet.

DUPRÉ, à part.

Et voilà comme on fait passer un gros budget!

(Regardant par la porte-croisée.)

Ah! nos deux prétendans...

VERDIER.

Tous deux! Je le regrette.
Il aurait mieux valu qu'un double tête-à-tête
M'eût laissé le moyen de les juger à part.
Les craintes de ma sœur... N'importe, sans retard,
Je veux adroitement sonder leur conscience,
Et voir lequel sera digne de ma Laurence.

DUPRÉ.

Il sont d'un noble sang...

VERDIER.

D'accord; mais le vainqueur
Doit posséder aussi la noblesse du cœur.

SCÈNE III.

LE BARON, VERDIER, LE COMTE, DUPRÉ.

LE COMTE, entrant par le fond, au Baron.

A nos rôles.

LE BARON, bas, au Comte.

Très bien!

DUPRÉ, à part.

Tous les deux!... Il me semble
Qu'ils vont se nuire.

LE COMTE.

Ici nous arrivons ensemble...
Car nous sommes surpris... Oh! cela n'est pas [bien...
Quoi! nous étions rivaux, et vous n'en disiez rien!

DUPRÉ, à part, les observant.

Ah! je crois deviner...

VERDIER.

C'est par délicatesse...
A chacun de vous deux, messieurs, je m'intéresse
Pareillement... et quand, presque le même jour,
Vous m'avez confié vos vœux et votre amour,
J'ai senti dans mon cœur un embarras extrême;
Car enfin, mes amis, vous estimant de même,
Devrais-je refuser le comte?

LE BARON, avec vivacité.

Non vraiment!

VERDIER.

Pouvais-je refuser le baron?

LE COMTE, même jeu que le Baron.

Nullement!

DUPRÉ, à part.

C'est cela!...

LE COMTE.

Nous devons approuver la balance
Que vous établissez... La charmante Laurence
Mérite bien qu'un père, entre mille rivaux,
Pèse les qualités ainsi que les défauts.

LE BARON.

Le soin que vous prenez est juste, je l'avoue...
Mon cœur peut en souffrir, mais ma raison le loue.

* Verdier, Dupré.

VERDIER, transporté.

C'est délicat, c'est grand ce que vous dites là !...

DUPRÉ, à Verdier, avec exagération.

Avec plus de raison jamais on ne parla.

VERDIER, à part.

Et ma sœur qui prétend...

LE BARON.

Un père de famille
Doit connaître l'époux qu'il destine à sa fille.

VERDIER, à part, et joyeux.

Je voudrais que ma sœur...

LE COMTE.

Décidez entre nous,
Sans redouter l'effet d'un sentiment jaloux.
Quant à moi, je suis fier du rival qu'on me donne.

LE BARON.

Moi, je puis sans rougir lui céder la couronne.

VERDIER, avec explosion.

Voilà de la noblesse !

DUPRÉ, l'imitant.

Oui, certes, en voilà !

VERDIER, à part.

Je les embrasserais, si ma sœur était là.

DUPRÉ, bas, à lui-même.

J'ai compris.

LE BARON, à Tercy.

Qui fera le bonheur d'une femme
Mieux que toi ?

LE COMTE, passant auprès du Baron, et lui serrant la main.

Toi, mon cher...

DUPRÉ, à part.

Mutuelle réclame...
(A Verdier, qui s'est rapproché de lui.)
C'est dans le sang !

VERDIER.

C'est vrai !... quels débats généreux !
On se croirait encore aux jours des anciens preux.

LE BARON.

Nous combattrons, monsieur, mais avec courtoisie.

VERDIER, à Dupré, dans le plus grand enthousiasme.

Trouvez ces sentimens dans notre bourgeoisie !

SCÈNE IV.

LE BARON, LE COMTE, Mlle VERDIER, CAMILLE, en toilette de bal, avec une écharpe ou un mantelet léger, VERDIER, DUPRÉ.

DUPRÉ.

Camille !

LE COMTE, à part

O ciel !

LE BARON, à part

Ici !... par quel hasard fatal !...

VERDIER.

Eh quoi ! belle Camille...

Mlle VERDIER.

Oui, je l'amène au bal.
(A Dupré.)
C'est moi, monsieur Dupré, qui répare vos fautes.
Vous avez oublié le concert... et nos hôtes
S'en seraient étonnés à bon droit... Aujourd'hui,
Parmi tous les plaisirs, la musique est celui
Dont on peut se passer le moins.

DUPRÉ.

C'est vrai, madame.
Pour cet oubli complet, je mérite le blâme ;
(Montrant Camille.)
Mais pour tout réparer vous choisissez si bien,
Que le plus exigeant ne peut désirer rien.

CAMILLE.

Eh quoi ! toujours galant !...

DUPRÉ.

Eh quoi ! toujours modeste !

LE COMTE, bas, à Larricul.

Sa présence, baron, va nous être funeste.

VERDIER, à Dupré et à Camille.

Vous êtes donc amis ?...

DUPRÉ.

Des meilleurs.

CAMILLE.

Des plus vieux.
Cher comte, cher baron, de vous voir en ces lieux
Je suis vraiment ravie.

LE BARON, affectant de l'assurance.

On ne saurait surprendre
Plus agréablement.

VERDIER.

J'étais loin de m'attendre...

Mlle VERDIER.

Ce matin, vous avez méconnu votre sœur ;
J'ai voulu vous montrer que l'ancien professeur
Méritait son renom... car d'une telle élève
On peut, je crois, tirer vanité.

VERDIER, avec embarras.

Faisons trêve
A tout reproche...

CAMILLE.

Eh ! mais...

VERDIER.

Je demande merci.

DUPRÉ, à part, en regardant les jeunes gens.

Hum ! tous deux voudraient bien qu'elle fût loin d'ici.

CAMILLE, à Verdier.

Pour l'accueil que je dois à votre bienveillance,
Veuillez croire, monsieur, à ma reconnaissance.

Mlle VERDIER.

C'est nous la témoigner, Camille, doublement,
Lorsque vous devancez l'heure...

VERDIER.

Certainement.

CAMILLE.

D'un salon inconnu je suis inquiétée,
Et j'y viens de ma voix essayer la portée

VERDIER.

Il faudrait nous choisir, parmi vos airs du jour,
Une invocation... à l'hymen... à l'amour...

CAMILLE, avec intention.

A l'hymen ?... Et pourquoi ?

VERDIER.

Mais le bal qui s'apprête

Pourrait fort bien ce soir devenir une fête
De fiançailles.

CAMILLE avec intention marquée.

Vrai?...

LE BARON, bas, à Tercy.

Diable! nous y voilà.

DUPRÉ, à part.

Comment parviendront-ils à se tirer de là?

CAMILLE.

Oui, vous avez, dit-on, une charmante fille.

VERDIER.

Qui va bientôt quitter le nom de sa famille
Pour un nom glorieux.

LE COMTE, à part.

Aïe! aïe! aïe!...

CAMILLE, sans perdre de vue le Comte et le Baron.

Et je crois
Que de nombreux rivaux doivent briguer son choix.
Comme elle, quand on est et jeune, et belle et sage,
Et quand on a... surtout la fortune en partage,
On est si recherchée!...

LE COMTE.

Avez-vous donc pensé
Que l'or prime l'amour en un cœur haut placé?

CAMILLE.

S'il ne le prime, hélas! au moins il le balance.

Mlle VERDIER, à part.

C'est bien! je la comprends...

LE BARON, bas, au comte.

Les mots qu'elle nous lance
Montrent qu'elle est piquée...

LE COMTE, bas, au Baron.

Eh! cela se conçoit...

CAMILLE.

Votre fille est un ange... et pourtant, quel que soit
Le prétendant à qui votre bonté l'accorde,
Votre main va jeter la pomme de discorde.
(A Larreul et à Tercy, avec finesse.)
N'est-il pas vrai, messieurs?

LE BARON.

Non... par nos sentimens
Nous jugeons ceux d'autrui... Dans de pareils mo-
Au bonheur d'un rival on peut porter envie, [mens,
Sans pour cela briser l'amitié qui vous lie.
(Il serre la main au Comte.)

CAMILLE, à elle-même, avec étonnement.

Entre eux, de l'amitié!...

VERDIER, allant serrer la main aux jeunes gens.

Bravo! voilà du cœur.

Mlle VERDIER, bas, à Camille.

Eh bien! vous l'entendez...

CAMILLE, bas, à Mlle Verdier.

Ah! maintenant, j'ai peur
De ne point réussir...

VERDIER.

Comme chacun exprime
De nobles sentimens!

CAMILLE, à elle-même.

Quel accord!

DUPRÉ, à Verdier.

C'est sublime!

LE BARON.

Pour revenir bientôt nous partons à l'instant.

VERDIER.

Très bien!...

Mlle VERDIER.

Un piano, Camille, vous attend.

CAMILLE.

Pour m'essayer... Merci!... Guidez-moi, je vous [prie...

VERDIER.

Allons, mon cher Dupré, de la galanterie.

(Dupré donne la main à Camille et la conduit. — Le Baron et le Comte sortent après eux. — Arrivés au boudoir, ils tournent à droite; Dupré et Camille, à gauche.)

SCÈNE V.

Mlle VERDIER, VERDIER

VERDIER.

Vous voyez, le bonheur est dans chaque parti.

Mlle VERDIER.

Mais le bonheur dépend d'un hymen assorti.

VERDIER.

Ma sœur, croyez-en donc ma vieille expérience;
Et représentez-vous la superbe existence
D'une femme élevée en rang, en dignités...
Que d'éclat! que d'honneurs et de félicités!
Elle brille à la cour, à la ville... pour elle,
La mode tous les jours change et se renouvelle;
Nul ministre à sa voix n'a jamais résisté;
On fait droit au placet par sa main présenté,
Et c'est dans ses salons que la vogue enchaînée
Frappe pour le public les gloires de l'année.
La grandeur! la grandeur, voyez-vous, tout est là!
Avec votre raison répondez à cela.

Mlle VERDIER. [flamme,

Mon frère, vous venez, le cœur chaud, l'œil en
De peindre avec éclat la haute et grande dame;
Mais de ce beau portrait à l'élégant profil,
Au bout du compte enfin, voyons, que reste-t-il?
Oui, la ville et la cour la désirent, l'envient,
L'admirent un moment, et puis la calomnient.
Jeune fille, à ses yeux tout se peignait en beau;
Jeune femme, elle voit s'obscurcir le tableau.
Un mari la trahit quand elle est pure encore,
Un amant corrompu bientôt la déshonore.
Mais le temps des amours vient-il à s'éclipser?
Voyez d'autres erreurs pour elle commencer.
Sitôt qu'un goût s'endort, un autre goût s'éveille
La voilà transformée en Corinne, en merveille;
Car, voyant jour par jour s'éteindre sa beauté,
Elle veut devenir une célébrité.
Décriée à seize ans, à dix-huit ans fanée,
A vingt-cinq, de fortune et d'attraits ruinée,
A trente ridicule, et sans cesse courant
Sur les pas du bonheur, qu'elle rêve en mourant
Maintenant regardez cette modeste épouse,
De plaire à sa famille uniquement jalouse...

Voyez-la s entourant, dans ses goûts élevés,
D'esprits intelligens et de cœurs éprouvés ;
Laissant passer le temps, sans compter les années,
Elle égrène ses jours en heures fortunées...
Alors, à tous les yeux, l'attrait de la bonté
Remplace sur son front l'éclat de la beauté ;
Alors de ses bienfaits la brillante auréole
Vient la dédommager d'une gloire frivole;
Alors elle vieillit au sein de souvenirs
Calmes et purs, enfans de ses nobles loisirs.
Voilà comme je rêve une femme... et c'est elle
Que Laurence voudrait accepter pour modèle ;
Voilà, mon frère, après un hymen fortuné,
L'exemple que Laurence à tous aurait donné !

VERDIER.

Croyez-vous, pour fournir cet exemple honorable,
Qu'une obscure union, seule, soit favorable ?
Elle aura titre, argent... que lui faut-il de plus?

Mlle VERDIER.

Presque rien... un mari comprenant ses vertus.

VERDIER.

Ah ! vraiment !...

Mlle VERDIER.

Un mari digne d'elle, vous dis-je.

VERDIER.

Savez-vous où se tient ce phénix, ce prodige ?

Mlle VERDIER.

Peut-être...

VERDIER.

Ah !... c'est fort bien... Dites-lui donc sans fard,
Tout prodige qu'il est, qu'il arrive trop tard.
(Il sort.)

Mlle VERDIER, le suivant.

Vous me fuyez... mais moi, sans me laisser abattre,
Jusqu'au dernier moment je saurai vous com- [battre.
(Elle revient.)
Le bonheur de Laurence est un dépôt sacré
Dont je dois rendre compte, et je le défendrai
Auprès d'un père aveugle... Ah ! la voici, cou- [rage !
Près d'elle, mon devoir prend un autre langage.

SCÈNE VI.

LAURENCE, Mlle VERDIER.

LAURENCE, venant de gauche.

Mon père sort d'ici... vous venez de le voir,
De lui parler... Allons, donnez-moi de l'espoir.

Mlle VERDIER.

Laurence, mon enfant, vous allez me promettre
D'écouter la raison... enfin, de vous soumettre.

LAURENCE.

Jamais !

Mlle VERDIER.

Il le faut.

LAURENCE.

Quoi ! vous voulez, sans retour,
Que j'abjure et j'immole aujourd'hui mon amour ?

Mlle VERDIER.

Obéir, c'est courage.

LAURENCE.

Obéir, c'est faiblesse !

Mlle VERDIER.

Est-ce vous qui parlez ? S'il faut que ma ten- [dresse
Gémisse sur des maux qu'on peut prévoir d'ici,
Me faudra-t-il pleurer sur vos fautes aussi ?
Dites ?...

LAURENCE.

Non ; je saurai, m'éloignant de l'abîme,
Renoncer au bonheur bien plus tôt qu'à l'estime.
Tout dépend du chemin qu'enfant nous nous [traçons ;
Et moi, je me souviens de vos nobles leçons.
Vos préceptes, puisés aux plus limpides sources,
M'ont contre l'infortune enseigné des ressources.
Mais ils ne m'ont pas dit qu'il fût, au fond du [cœur,
Des consolations contre le déshonneur.

Mlle VERDIER.

Ces dignes sentimens retrempent un courage.

LAURENCE.

Mais, au lieu de courber mon front devant l'orage,
Ne puis-je conjurer mon naturel appui ?
Je verrai mon père.

Mlle VERDIER.

Eh ! n'espérez rien de lui.

LAURENCE.

N'abandonnez donc pas votre fille chérie !

Mlle VERDIER.

Moi ! lorsque vous avez le plus besoin d'amie !

LAURENCE.

Et de mère... Oh ! soyez la mienne dans ce jour !
Protégez Valentin aussi ! De notre amour
Défendez-nous tous deux .. Il vous sauva, ma tante;
A votre tour, pour lui soyez compatissante !...
(Comme par inspiration.)
Non, qu'il parte plutôt, tout nous en fait la loi.
Au moins, qu'il soit heureux loin d'ici, loin de [moi.

Mlle VERDIER.

Qu'il parte... Comme vous j'avais cette pensée ;
Dans ce noble désir vous m'avez devancée :
C'est bien... je vais le voir... bientôt il m'entendra ;
Votre seul intérêt le déterminera.

LAURENCE.

Mais non... si j'écrivais.

Mlle VERDIER.

Y pensez-vous ?...

LAURENCE.

Deux lignes.
Quelques mots seulement... bien simples et bien [dignes...
Que vous dicterez...

Mlle VERDIER.

Non...

LAURENCE.

Vous refusez ?... pourquoi ?..
Je n'ajouterai rien... vous lirez après moi.

Mlle VERDIER, à Laurence, qui allait vers la table.

Arrêtez !...

LAURENCE.
Il le faut.

Mlle VERDIER.
Ah! de cette insistance,
Ainsi que le devoir, la dignité s'offense.

LAURENCE.
A ce dernier désir je vous vois résister?

Mlle VERDIER.
Mon enfant! mon élève... ah! daignez m'écouter.

LAURENCE.
Aimez-vous votre enfant? aimez-vous votre élève?

Mlle VERDIER.
Je vous vois, vous entends, et je crois que je rêve...
Vous aimer!... Qu'ai-je fait tant de nuits et de [jours?

LAURENCE, avec résolution.
Rien... si vous refusez de me prêter secours
Contre le sort jaloux, contre un père barbare.
Ce supplice du cœur, qu'ici l'on me prépare,
Je veux le fuir.

Mlle VERDIER.
Le fuir!... vous!... Votre passion
Vous égare à ce point que, sans réflexion,
Vous parlez de quitter un père qui vous aime;
Qui dans votre bonheur met sa vanité même...
Et qui n'est inflexible, en voulant votre bien,
Que par aveuglement sur le choix du moyen?...

LAURENCE.
Quoi! contre l'avenir dont mon âme s'alarme,
Je n'ai que des conseils... et jamais une larme...
Pas même dans vos yeux?...

Mlle VERDIER.
Ah! trop cruelle enfant!

LAURENCE.
Eh! quel sera mon sort, si nul ne me défend?
Me faudra-t-il souffrir... et mourir?...

Mlle VERDIER.
Fille ingrate!
C'est ainsi que pour moi votre tendresse éclate!
Qui va-t-on accuser d'un tel égarement?
Moi seule... et vous voulez me causer ce tourment,
Vous, vous qui me donniez le plus doux nom?...

LAURENCE, vivement et avec tendresse.
Ma mère!
Oh! oui, votre terreur est juste... elle m'éclaire...
(Avec effort.)
Cette haute raison toujours me guidera...
Mon cœur sera brisé... mais il obéira...
(Elle veut tomber à ses genoux.) *

Mlle VERDIER.
Dans mes bras! dans mes bras!...

LAURENCE.
Ciel! Valentin!

Mlle VERDIER, la pressant sur son sein.
Prudence!
Ma fille, en ce moment, ton dévoûment commence.

SCÈNE VII.

LAURENCE, Mlle VERDIER, VALENTIN.

VALENTIN.
Quelle agitation se lit dans vos regards,
Mesdames!

LAURENCE, s'avançant vers Valentin.
Valentin!
(Mlle Verdier lui fait un signe; elle reprend.)
Oui, ma tante, je pars...
A l'instant...

VALENTIN.
Vous savez l'intérêt vif et tendre...

LAURENCE, avec contrainte. *
Le devoir m'interdit, monsieur, de vous entendre.
Désormais, de vous fuir tout me fait une loi.
Puissiez-vous être un jour moins à plaindre que [moi!
(Elle sort par la gauche.)

SCÈNE VIII.

Mlle VERDIER, VALENTIN, puis LAURENCE.

VALENTIN, à part, pendant que Mlle Verdier voit sortir Laurence.
L'espérance à mon cœur est-elle donc ravie?...
(A Mlle Verdier, avec une douce sensibilité.)
Madame... un amour vrai dure toute la vie;
On s'épuise en douleurs, on se tue en combats,
On souffre, on se résigne... et l'on ne guérit pas...
Homme, je puis briser une douleur profonde
Dans les travaux actifs, dans les luttes du monde.
Mais, femme, que peut-elle en son isolement?
Concentrer son chagrin et souffrir en aimant!

Mlle VERDIER.
Qui faut-il accuser de ce sort difficile?
Celui qui vint troubler l'existence tranquille
D'une enfant... Oui, celui qui nous déguise encor
Ce qu'il est....
(Laurence paraît derrière la portière de la première porte de gauche; elle se tient cachée, ne se montrant que de temps en temps.)

VALENTIN.
J'attendais, pour vous dire mon sort,
Qu'un seul désir...

Mlle VERDIER, vivement.
Parlez!...
(Laurence prête la plus vive attention.)

VALENTIN.
Frappé dès ma naissance
Par le malheur, je fus, dans ma plus tendre en- [fence,
Recueilli... sur la borne... où de froid et de faim
Ma mère se mourait en me donnant le sein.
Mon père, un vieux soldat, était mort avant elle...
Du milieu de la foule où son instinct l'appelle,
S'avance un ouvrier... Chez eux c'est très-com- [mun.
Je n'avais pas d'enfant, dit-il, Dieu m'en donne un!
Il me prend, et dès lors, sur son gain bien mo- [dique,
Me nourrit, m'éleva comme enfant de fabrique.

* Mlle Verdier, Laurence, Valentin.

Mais un jour... jour cruel! il mourut dans mes [bras!...
Plus tard, vers l'étranger je dirigeai mes pas...
Tour à tour apprenti, compagnon, contre-maître,
J'acquis un avenir, un état, un bien-être.
Bientôt, un grand projet, que j'osai concevoir,
A mes yeux éblouis fit luire un noble espoir...
Alors à mon pays je brûlai d'être utile.
Je quittai mon usine et revins à Franville...
Je revis la fabrique où pauvre on m'éleva...

MLLE VERDIER.

Où d'une affreuse mort votre élan nous sauva...

VALENTIN.

Où j'aimai votre nièce... Enfin, pour mon idée,
Que j'avais avec soin nourrie et fécondée,
J'avais besoin d'argent, du crédit d'un banquier,
Et mon projet, pas un n'a su l'apprécier!
De l'or et du travail c'est l'éternelle lutte!
Mais, quand l'idée est forte, on s'acharne, on [dispute.
Ballotté par les uns, par d'autres rejeté,
Pour mon invention, avec anxiété,
Des obstacles tantôt j'apercevais le terme,
Tantôt je la voyais étouffée en son germe...
Enfin, cent fois déçu, mais non désespéré,
En moi j'ai confiance... et je triompherai!

MLLE VERDIER, à part.

Pauvre rêveur!...

(Haut.)

Eh! quoi! c'est sur une espérance
Que vous compromettiez le bonheur de Laurence!

VALENTIN.

Hélas!

MLLE VERDIER.

De ce bonheur montrez-vous donc jaloux;
Plus que sur elle, ici, je dois compter sur vous.
Vous présent, elle va résister à son père;
Je vous fais cet aveu... Près d'un homme vulgaire,
J'aurais dit : Taisons-nous, ou bien il restera...
Ayant affaire à vous, je dis : Il partira.

VALENTIN.

Eh bien! je partirai si l'honneur le commande;
Mais fiez-vous à moi, lorsque je ne demande
Qu'un jour... Il suffira peut-être pour briser
L'obstacle qu'à nos cœurs on prétend opposer...

MLLE VERDIER.

Mais si, demain, l'espoir dont s'enivre votre âme
Était détruit?..

VALENTIN.

Alors, je vous jure, madame,
De ne plus demeurer près de vous un moment.

MLLE VERDIER.

J'y compte... Adieu, monsieur!... Je reçois ce [serment!...

(Elle sort vivement.)

VALENTIN, resté seul, avec réflexion.

Du bonheur je croyais être enfin sur la route...
J'étais sûr d'arriver... et maintenant, je doute...

(Il s'éloigne à pas lents.)

LAURENCE, faisant un pas en avant.

Dieu, qui doit dans le ciel tout entendre et tout [voir,
De l'oublier ne peut m'imposer le devoir!

(Valentin se trouve à la porte du fond. — Laurence est toujours derrière la portière, bien en vue du spectateur. — La toile tombe.)

ACTE QUATRIÈME.

Même décor qu'à l'acte précédent; seulement, sur la table, brûle un flambeau à plusieurs branches, et l'on voit un grand éclat de lumières dans les salons, à gauche, dont les portes sont ouvertes; celle du fond l'est aussi, et laisse voir le boudoir éclairé, mais moins que le reste des appartements. — On entend une légère musique au lever du rideau.

SCÈNE I.

DUPRÉ, LE COMTE.

DUPRÉ, regardant dans le bal, par la porte du pan coupé à gauche.

Quoi! votre oncle, le duc?

LE COMTE.

Sans doute... A cette fête
Il a voulu venir, et cela m'inquiète.
Les salons sont mêlés en diable, et je crains bien
Qu'il ne soit accosté par quelque homme de rien.

DUPRÉ, redescendant la scène avec le Comte.

Il est vrai! Là-dedans tout n'est pas héraldique,
Et l'on y sent encore un parfum de boutique.
Symbole de la Bourse, aspect fort curieux,
Les contrastes y sont à réjouir les yeux.
C'est la tour de Babel pour les divers langages,
C'est l'arche de Noé pour les divers plumages.

LE COMTE.

Voilà pourquoi, là-bas, je crains de laisser seul
Mon cher oncle le duc... Ah! ah! voici Larrieu!

(La musique cesse.)

SCÈNE II.

LES MÊMES, LE BARON.

LE BARON, parlant dans le boudoir à un gros homme qui va se perdre dans les salons, à gauche.

Allez, promenez-vous... je ne perds pas vos traces;
En attendant, prenez des gâteaux et des glaces.

LE COMTE.

Quel est ce gourmand?

LE BARON.

Paix! ne parle pas ainsi!
C'est un gros électeur que je pilote ici.
Au faubourg Saint-Antoine il est une puissance.

Du banquier, ce matin, il fit la connaissance,
Et le voilà, ce soir, roulant dans ses salons.

DUPRÉ.

Respect à tout Français qui nomme nos Solons.

LE BARON, au Comte.

Par là, tout va bien... mais regarde ce quadrille :
N'est-ce que pour danser que vient ici Camille?

DUPRÉ.

Mais non, c'est pour chanter.

(Il remonte la scène.)

LE COMTE, qui est remonté, redescend aussi et gagne à gauche.

Au diable le concert!
Sa présence nous perd...

LE BARON.

Dis donc qu'elle nous sert!
Le futur repoussé pourra la reconduire.

LE COMTE.

Tu dis vrai! cet espoir a de quoi nous séduire.

DUPRÉ. *

Ah! je comprends enfin, messieurs, votre complot;
Et je vois de chacun quel doit être le lot.
C'est une *Tombola* d'amour et de richesse :
A l'un de vous la femme, à l'autre la maîtresse,

LE BARON.

Plus bas!

DUPRÉ.

Personne.

LE COMTE, qui regarde dans le bal, à part.

Eh! mais je cherche vainement...
Qu'est-elle devenue?

LE BARON, à part.

Il faut que promptement
Je rejoigne Camille...

(Regardant aussi.)

Eh bien! où diable est-elle?

DUPRÉ, à part, en les observant.

Hum! combineraient-ils une intrigue nouvelle?

LE COMTE, comme par inspiration.

Eh! j'oubliais mon oncle... auprès de lui je cours.

(Il sort par la première porte à gauche.)

LE BARON.

Moi, je vais faire un whist... Dupré, votre se-[cours
Pour nos projets d'hymen nous est acquis, je pense,
Et vous apprécierez notre reconnaissance.

(Il sort par la porte du boudoir, et tourne à gauche pour rentrer dans les salons.)

DUPRÉ, seul.

Bien! j'aurai sur la dot, pour ma protection,
Cinq pour cent de courtage et de commission...

(Réfléchissant.)

Titres et millions!... comme ici tout s'arrange!
Ce n'est point du trafic... non, c'est du libre-[échange.

SCÈNE III.

VERDIER, DUPRÉ.

VERDIER, entrant joyeux par la porte du pan coupé, à gauche.

Du faubourg, cher Dupré, j'ai vu mon électeur.
Dans les salons il jette un œil admirateur...
J'ai vu le duc aussi... Dans le bal il promène
Un lorgnon satisfait...

DUPRÉ.

Eh! je le crois sans peine...
Votre fête...

VERDIER.

Est royale, il faut en convenir.

DUPRÉ.

Mais je manque aux salons.

VERDIER.

Il faut vous y tenir...

(Arrêtant Dupré.)

A propos... cette nuit, pas de feu d'artifice!...

DUPRÉ.

Et pour quelle raison?

VERDIER, regardant vers la croisée.

Le ciel nous est propice.
Oui, je crois qu'il pleuvra... gardons cette moitié
De nos frais... Dans le parc nul ne mettra le pié.

DUPRÉ, à part.

Nous verrons!

(Il sort par le boudoir.)

SCÈNE IV.

VERDIER, seul.

Dans ces lieux je me sens à merveille!
Là mon argent qui dort... là le plaisir qui veille.
Ce bruit... Mais Valentin...

(Observant dans le bal.)

Là-bas... Dans quel dessein
Regarde-t-il partout? Du baron Laversin
Chercherait-il la fille? Ou peut-être... j'y pense...
Est-ce lui dont ma sœur me parlait?... Sur [Laurence
Lèverait-il les yeux? Oh! non, je ne crois pas...
Il m'a paru toujours plein de sens... En tout cas,
Je dois adroitement lui faire ici comprendre
Qu'à ce riche lien il ne saurait prétendre...

SCÈNE V.

VALENTIN, VERDIER.

VALENTIN, entrant par la seconde porte, à part.

Où donc Laurence est-elle?

VERDIER.

Ah! vous voilà, mon cher.
Eh bien! ne dois-je pas être heureux, être fier
Ma fille... vous savez... ce soir, par ma prudence,
Elle va contracter une noble alliance.

VALENTIN, avec contrainte.

Ah!... vos vœux sont comblés?...

VERDIER.

Dans ma position
Pouvais-je être animé de moins d'ambition?
Non... toute autre union que l'on m'eût proposée,

* Le comte, Dupré, le baron.

Avec raison, je crois, je l'aurais refusée,
Car moi-même, aujourd'hui, j'anoblis ma maison.

VALENTIN.

Vous!...

VERDIER.

Baron de Burcktahl... avec un beau blason.
Et demain je le mets sur toutes mes voitures!

VALENTIN.

Bravo!

VERDIER.

Sur mes fauteuils!

VALENTIN.

Fort bien!

VERDIER. *

Sur mes tentures...
Sur ma vaisselle aussi!...

VALENTIN.

Quelle preuve de goût!

VERDIER.

Sur mes billets de caisse, enfin... partout... partout!...
La noblesse et l'argent, c'est là ce qui gouverne;
Ce sont les deux ressorts de tout pouvoir moderne.

VALENTIN.

La noblesse, on la voit s'éteindre jour par jour;
La fortune aujourd'hui domine... C'est son tour.
Au cri de la raison, sortez de votre ivresse.
Le temps marche, marchez... Jadis, à la noblesse,
Comme corps collectif et comme individus,
Des droits étaient donnés et des honneurs rendus.
Des priviléges clairs, positifs et palpables
Lui furent octroyés!.. Où sont des droits semblables?
Que dis-je?... Au simple aspect chacun était classé:
L'habit seul nous disait un noble au temps passé.
Mais où sont ces édits et ces lois somptuaires,
Sujets des désespoirs de nos chères grand'mères?
Dans la rue, aujourd'hui, deux hommes à la fois
Passent... quel est le noble et quel est le bourgeois?
Chacun porte de l'or, des plumes, de la blonde,
Et satins et velours brillent pour tout le monde!

VERDIER.

Phrases que tout cela... L'on en disait autant,
Lorsque Napoléon prit le trône... et pourtant,
Du puissant souverain la haute politique
Rattacha sa noblesse à la noblesse antique.

VALENTIN.

Mais sous l'empire, un titre avait une valeur,
Un blason y pouvait prendre de la couleur,
Il rappelait un fait de science, de gloire,
Des services rendus, une grande victoire;
De nobles souvenirs naissaient à son aspect,
Et savaient provoquer l'hommage et le respect.
Mais, à part peu de noms, quelles nobles idées,
Quelles sensations nous seront commandées
Par ces blasons qu'on voit surgir de tous côtés,
Sur les panneaux des chars vers la Bourse emportés?
Des titres tout nous dit la chute; oui, tout l'atteste,
Et les individus bien plus que tout le reste!
Il leur faut aujourd'hui des décorations,
Des honneurs, des rubans et des distinctions!..
Autant l'habit français rend leur air ridicule,
Autant leur nom va mal avec la particule.
Prononcez-les, ces noms à l'accord plébéien,
Et de les anoblir voyez s'il est moyen!.
Aimez votre origine et restez-lui fidèle;
Enfant de la roture et baptisé par elle,
Songez, si votre nom a pour vous peu d'appas,
Qu'un *de* souvent l'allonge et ne l'anoblit pas...

VERDIER, avec brusquerie.

Mais, mon cher, savez-vous que cette plaidoirie
Contre les gens titrés passe la raillerie?
Et que votre langage est presque aussi brutal
Que le premier-Paris d'un journal radical!
Ne trouvez pas mauvais que je m'en formalise.

VALENTIN.

Chez lui qui me reçoit, accepte ma franchise.

VERDIER.

Eh bien! moi, je vous dis à mon tour, sans façons,
Que vous vous érigez en donneur de leçons.
C'est un genre qu'ici...

VALENTIN, saluant.

Quand on me désapprouve,
Je sais ce que je dois...

(Il va pour sortir.)

SCÈNE VI.

VALENTIN, DUPRÉ, VERDIER.

DUPRÉ, arrêtant Valentin.

A la fin, je vous trouve,
Cher monsieur Valentin!...

VALENTIN.

Moi?

DUPRÉ.

L'on vous cherche au bal.

VALENTIN.

Qui?

DUPRÉ.

Monsieur Laversin.

VERDIER.

Laversin?... mon rival?...

DUPRÉ, à Valentin.

Oui... de ne pas vous voir sa crainte paraît grande...
Il court de tous côtés, à chacun vous demande.

VERDIER, à part.

Laversin?... Si c'était...

(Observant Valentin.)

Qu'a-t-il donc?

VALENTIN, à part.

Quel espoir!

VERDIER, à part. *

Me serais-je trompé?

(Haut.)

Convenez-en ce soir,
Sa fille...

* Valentin, Verdier, Dupré.

VALENTIN.

Non, monsieur ; une affaire majeure
Nous lie... et loin de lui trop long-temps je de-
[meure.

(Il sort par la porte qui conduit au boudoir, et tourne vers le bal.)

VERDIER.

Une affaire!... Dupré, vite, ayons l'œil sur eux ;
Sachons quel intérêt les rapproche tous deux.

DUPRÉ.

Comptez sur moi : je cours, j'écoute, j'examine...
Ce qu'on ne me dit pas, mon instinct le devine.

(Il sort vivement sur la trace de Valentin.)

VERDIER.

Il est adroit; à lui je puis me confier.

(Il va pour sortir aussi ; Camille, qui entre par la porte du pan coupé, l'arrête.)

SCÈNE VII.

CAMILLE, VERDIER.

CAMILLE.

Je vous retiens... tâchez de vous justifier.

VERDIER, à part.

Diable !

CAMILLE.

De votre sœur oubliant le mérite,
Vous avez méconnu cette femme d'élite. [gueil ?
Je ne puis m'expliquer... Est-ce ruse, est-ce or-

VERDIER. [d'œil...

Oh ! je vous aurais cru vraiment meilleur coup
Quoi ! vous n'avez pas su deviner ce mystère ?
Je craignais que la sœur n'embarrassât le frère,
Que la reconnaissance où l'une vous plongeait,
De l'autre ne vous fit blâmer un doux projet...
Tout parle contre moi; mais, si je ne m'abuse,
Vous me pardonnerez... l'amour est mon excuse.

CAMILLE.

Encor ?

VERDIER.

M'auriez-vous donc pris pour un être nul,
N'ayant pour tout esprit que l'esprit du calcul,
Sacrifiant toujours, dans mes rêves austères,
Les affaires d'amour... à l'amour des affaires ?

CAMILLE.

Je croyais qu'un banquier, de tout amour vain-
Portait un lingot d'or à la place du cœur. [queur,

VERDIER.

Un lingot, dites-vous ?... Vos yeux sauraient le
Et l'on pourrait le mettre à vos pieds. [fondre.

CAMILLE.

C'est répondre
Avec esprit... Ce feu si pur et si discret...
Si délicat surtout, peut-être me plairait...
Mais j'ai dans vos salons nombreuse concurrence
D'amoureux, qui pour vous diminueront la chance.
Le comte de Tercy, Montal, de Valincourt,
Le baron de Larrieul...

VERDIER.

Je vous arrête court...
Vous en avez nommé deux que ma voix récuse:
Le comte et le baron...

CAMILLE, souriant.

Jamais je ne m'abuse
Sur ces matières-là... Ce sont précisément
Ceux qui me font la cour le plus assidument.

VERDIER.

Oh ! qui vous la faisaient jadis... cela peut être;
Mais aujourd'hui, non pas...

CAMILLE.

Certe, ils l'ont fait paraître
Tout à l'heure au salon... et chacun d'eux, à part,
M'a donné rendez-vous... ici même... à l'écart...

VERDIER.

Rendez-vous ?

CAMILLE.

L'un et l'autre...

VERDIER.

Ah ! parbleu, c'est étrange.

CAMILLE.

Et de peur de malheur, il faut que je m'arrange;
Car ils sont fort jaloux et rivaux sans pitié...
(Appuyant.)
Leur amour se trahit par une inimitié...

VERDIER.

Eux ennemis ? Ah ! ah ! votre méprise est bonne.
Leur penchant mutuel, au contraire, m'étonne.
Leur commun dévoûment...

CAMILLE.

Il est grand... C'est au point
Qu'ils ont mis par deux fois le pistolet au poing.

VERDIER.

Depuis peu ?

CAMILLE.

Depuis peu.

VERDIER.

Je ne saurais comprendre...

CAMILLE.

Eh ! voici le baron.

VERDIER.

Je voudrais bien l'entendre...

CAMILLE.

Vous ?

VERDIER, désignant le rideau de la porte-croisée de droite.

Parbleu !... là...

CAMILLE.

Comment ?

VERDIER.

Oui, oui, c'est mon devoir !
(Il se cache.)

CAMILLE, finement, comme une personne qui a atteint son but.

Allons donc !...

SCÈNE VIII.

CAMILLE, LE BARON, VERDIER, caché.

(Pendant cette scène, on entend une valse bien légère dans la coulisse, à gauche.)

LE BARON, entrant par le boudoir, au fond.

Seul à seul, enfin on peut vous voir.
Du grand salon sitôt que vous êtes partie,
Pour vous suivre en ces lieux j'ai quitté la partie,
Où la veine pourtant me souriait.

CAMILLE.

Eh bien !
Retournez... nous pourrons reprendre l'entretien
Une autre fois.

LE BARON.

Non pas... Mais savez-vous, traîtresse,
Que vous trônez ici bien mieux qu'une duchesse?
On vous croirait du sang le plus noble...

CAMILLE.

Merci !
C'est ce que me disait le comte de Tercy !

VERDIER, à part.

L'y voilà !...

LE BARON.

Pouvez-vous me répéter en face
Les éloges d'un fat ?

CAMILLE.

Que faut-il que je fasse ?
Est-ce ma faute, à moi, s'il vous copie en tout?

LE BARON.

Oui, pour faire penser qu'il est homme de goût...
Il se fait mon Sosie, il cherche, il se modèle;
Reproduisant toujours un calque... peu fidèle,
Si j'avais un défaut, il s'en enrichirait;
Si je prenais un tic, il s'en illustrerait.

CAMILLE.

Vous l'aimez donc toujours du plus profond de [l'âme?...

LE BARON.

Autant que je vous hais !...

CAMILLE.

Halte-là ! je réclame.
Vous êtes, m'a-t-on dit au mieux ?

LE BARON, avec étonnement.

Le comte et moi ?...
(Riant.)
Oui... devant le banquier.

VERDIER, à part.

Ah !

CAMILLE.

Pourquoi donc ?

LE BARON.

Pourquoi?...
(Légèrement.)
Une trêve, un seul jour, nous met d'accord en- [semble...
Mais là-bas, pour mon jeu l'on m'appelle, il me [semble.

CAMILLE.

Oui, je crois, en effet...

LE BARON.

A bientôt, dans le bal.
(Il sort par le boudoir. — La musique cesse.)

CAMILLE, à Verdier.

Vous êtes étonné...

VERDIER, s'avançant vers elle.

Mais...

CAMILLE.

C'est original !

VERDIER.

Une telle conduite a droit de me confondre.

CAMILLE.

Bon, il s'excusera...

VERDIER.

Que pourrait-il répondre?...

CAMILLE.

Je ne sais... vous verrez...

VERDIER.

Pourquoi ce compromis
Cette trêve signée entre deux ennemis?...
Mais Tercy ne mérite encore aucun reproche;
Jusqu'ici nous n'avons entendu qu'une cloche.

CAMILLE.

L'autre, soyez-en sûr, résonne à l'unisson.
Le voici... Rentrez vite...
(Elle va s'asseoir sur un fauteuil, près de la croisée.)

VERDIER, reprenant sa place derrière la portière.

Oh ! la bonne leçon !...

SCÈNE IX.

LE COMTE, CAMILLE, VERDIER, caché.

CAMILLE.

Quoi ! vous ne dansez plus?...

LE COMTE entre, en s'éventant avec son mouchoir.

La valse est terminée,
Et je reviens vers vous, l'âme déterminée
A vous bien déclarer que je suis furieux... [yeux,
Quoi ! Larrieul un instant ne vous perd pas des
Et les vôtres sur lui se portent sans colère !...

CAMILLE.

Vous êtes fou, vraiment !

LE COMTE.

Larrieul n'a pu vous plaire;
Comment donc souffrez-vous qu'il vous affiche [ainsi ?
Donnez-moi des rivaux plus dignes d'un Tercy,
Chez lesquels l'élégance à des talens s'allie...
Mais un Larrieul ! fi donc ! fi ! cela m'humilie...
Ne sait-on pas qu'il prend l'esprit chez son gan- [tier,
Le goût chez ses tailleurs ou chez son carrossier,
Et qu'il doit tout cela, sans un espoir probable
De s'acquitter jamais... car il est insolvable?

CAMILLE.

Le portrait est charmant... et d'une vérité...
Larrieul dirait qu'à lui vous l'avez emprunté.

LE COMTE.

Il prétend que je prends son esprit : c'est possible;
Mais il faut avouer que je le passe au crible.

CAMILLE.

Ah! la polka, je crois...

(On entend une polka.)

LE COMTE.

Ma danseuse m'attend...
Nous nous retrouverons au bal dans un instant.

(Il sort par la porte du pan coupé.)

CAMILLE, à Verdier qui s'avance.

Eh bien! qu'en dites-vous?

VERDIER.

L'impudence est extrême!

CAMILLE.

La cloche est différente, et le son est le même.

VERDIER.

A les préconiser trop longtemps je me plus...
Je fus leur jouet... mais je ne le serai plus...
Que de grâces je dois à votre aimable ruse!
Est-ce intérêt pour moi?

CAMILLE.

Non pas... cela m'amuse...
(Gaîment.)
Vous voyez clair... Adieu!

(Elle fait une révérence.)

VERDIER.

Vous partez?

CAMILLE.

Je le dois.
Je vais me reposer pour rassurer ma voix.
Je chanterai bientôt... sur vos bravos je compte,
Car je doute de ceux du baron et du comte.

(Elle rentre dans le bal. — La musique cesse de se faire entendre.)

SCÈNE X.

VERDIER, DUPRÉ.

VERDIER, furieux, à Dupré, qui entre par le boudoir.

Dupré, si vous saviez!...

DUPRÉ.

Comment! je suis certain...

VERDIER.

De quoi?

DUPRÉ.

Mais, des projets de monsieur Valentin.

VERDIER, passant de la colère à la curiosité.

Ah! j'oubliais... Eh bien?

DUPRÉ.

Vous savez cette usine,
Du château de Franville incommode voisine?...
Il l'achète demain... Il y veut exercer
Une grande industrie, et qui viendra verser,
Dit-on, sur le pays le bonheur et l'aisance.

VERDIER.

A ces rêves du jour avez-vous confiance?

DUPRÉ.

Un rêve?... Non, parbleu!... Je l'ai bien entendu!
Et cet industriel qui chez vous s'est rendu,
Pour cette grande affaire à vos calculs soumise,
A monsieur Valentin prêtait son entremise.

VERDIER, étonné.

Et pour ce grand projet il est commandité
Par Laversin?

DUPRÉ.

Par lui... Crédit illimité...
On dit que, loin d'y voir une chance commune,
Il est sûr d'y doubler son immense fortune.
Et, tenez... les voilà tous deux se promenant...
Bras dessus, bras dessous...

VERDIER, regardant dans les salons.

Oui, oui, c'est surprenant!..
Quoi!... Valentin!...

DUPRÉ.

Déjà chacun se le dispute;
Entre tous les comptoirs c'est, dit-on, une lutte.
De son projet chacun veut être le banquier
Et le bailleur de fonds...

VERDIER.

Il est bien singulier
Que ce cher Valentin...

DUPRÉ.

Il faut que son idé
Comme très productive ici soit regardée,
Puisque chacun voudrait en être le patron...
C'est en France surtout que l'argent est poltron!...

VERDIER.

Vous l'avez dit, Dupré, je connais cette affaire,
Et n'en dois pas laisser profiter un confrère.
Dites à Valentin qu'en ces lieux je l'attends.

DUPRÉ.

J'y cours sans plus tarder... A demi-mot j'entends.

(Il sort vivement.)

SCÈNE XI.

VERDIER, seul.

Je ne sais où j'en suis... Lui, timide et modeste,
Génie industriel!... Eh! mon Dieu! tout l'atteste;
Car Laversin n'agit qu'à coup sûr... Mais pourquoi
Cette extrême réserve affectée avec moi?...
Si c'était!... noble cœur!... Oui, j'en ai l'espérance;
Quand ma sœur s'opposait à l'hymen de Laurence,
Elle avait, disait-elle, un phénix, un trésor...
Valentin!... en effet, c'est bien un mari d'or!...
Lui, mon gendre!...

(S'animant par degrés.)

Bientôt, par d'adroites amorces,
Dans un même comptoir réunissant nos forces,
Nous doublons, nous triplons nos opérations.
Sur la place, imposant des révolutions,
Nous pouvons commander et la hausse et la baisse;
Tous les gouvernements viennent à notre caisse
Pour leurs riches emprunts... et déjà je me vois
Et le roi des banquiers et le banquier des rois!

SCÈNE XII.

LAURENCE, VERDIER.

VERDIER.

C'est toi, ma chère enfant ; tu le vois, je m'isole
Pour m'occuper de toi...

LAURENCE.

Quelle bonne parole !

VERDIER.

Je devine aux couleurs qui t'animent le teint
Que tu viens de danser... Est-ce avec Valentin ?

LAURENCE.

Avec lui ?... Non, mon père... Il ne m'a pas priée...

VERDIER.

Eh ! n'en serais-tu pas un peu contrariée?

LAURENCE.

Moi ?...

VERDIER.

C'est un bon jeune homme, à l'élégant [maintien,
Plein de talent... d'esprit... ce qui ne gâte rien.

SCENE XIII.

CAMILLE, Mlle VERDIER, LAURENCE, VERDIER, VALENTIN.

VERDIER, à Valentin, qui entre par le fond.

Le voilà !
(Allant à lui.)
Comment ! vous, presque de la famille,
On ne vous a pas vu danser avec ma fille,
Valentin ! c'est très mal... réparez donc ce tort.
(Il le fait passer près de Laurence.)

CAMILLE, bas, à Mlle Verdier.

Que vous avais-je dit?... il y vient sans effort.

VALENTIN, avec étonnement.

Monsieur, je ne saurais vous exprimer ma joie...
Laurence...
(Il s'approche d'elle.)

LAURENCE, bas.

A cet espoir faut-il donc que je croie?

CAMILLE, à Mlle Verdier.

Dans cette illusion laissons-les se bercer.

Mlle VERDIER, à Camille.

Que je crains le réveil !

VERDIER.

Allez, allez danser,
Mes enfans...
(Arrêtant Valentin par le bras, au moment où celui-ci tendait la main à Laurence.)
Valentin, vous reviendrez ensuite
Me parler... m'expliquer votre étrange conduite...
De vos meilleurs amis, quoi donc ! vous vous ca- [chez?...
(Désignant Laurence.)
Mais d'autres torts par là vous seront reprochés ;
Obtenez son pardon par un excès de zèle,
Et je ne serai pas plus inflexible qu'elle.
(Valentin et Laurence, tout surpris, sortent en se donnant la main.)

SCÈNE XIV.

CAMILLE, Mlle VERDIER, VERDIER, puis DUPRÉ.

VERDIER, regardant sortir Laurence et Valentin.

Qu'en dites-vous, ma sœur ? ils sont charmans [tous deux.
Un tel hymen, je crois, serait moins hasardeux
Que ceux dont vous avez critiqué la pensée.

CAMILLE.

Et madame, en cela, me paraît fort sensée.

DUPRÉ, arrivant par le boudoir.

Ah ! vous voilà, monsieur, j'accours vous apporter
Deux lettres... On m'a dit qu'il fallait me hâter.
L'une est du duc d'Aston.

VERDIER.

L'électeur de Versaille...

DUPRÉ.

Et l'autre de ce gros fabricant qui travaille
La matière élective au faubourg.

VERDIER, prenant les lettres.

Quel motif?...
Vraiment, c'est me porter un intérêt bien vif !
Pour me faire arriver ils prennent trop de peine.
(A Mlle Verdier et à Camille qui causaient.)
Voyez si je conçois une espérance vaine...
(Les dames se rapprochent. — Verdier lit une des lettres.)
Du duc... « A mes amis, pour être député,
» Quand ce matin je vous ai présenté,
» Je vous croyais sincèrement des nôtres ; [très.
» Mais je vois bien que nos goûts sont tout au-
» Dans vos salons, à vos penchans soumis,
» Trop de populaire est admis ;
» Votre tactique est éclaircie,
» Je vous retire net la voix de mes amis :
» Soyez le candidat de la démocratie.
» Le duc d'Aston !...» Voilà comment il m'appré- [cie !
De Versailles je suis repoussé, c'en est fait !

DUPRÉ.

Mais il vous reste encore le faubourg...

VERDIER.

En effet.
(Ouvrant la seconde lettre et lisant.)
« Votre candidature est morte !
» Au conseil général cherchez donc qui vous porte.
» Vos salons sont remplis de nobles, de puissans,
» Et pour nous vos parquets sont beaucoup trop [glissans ;
» Le peuple ne mord pas à cette facétie :
» Soyez le candidat de l'aristocratie... »
Trahi des deux côtés !

Mlle VERDIER.

Des deux côtés puni !

VERDIER.

Si je ne sors de là, je vais être honni !
Dans leur double grief, même injustice éclate :
L'un me croit démocrate et l'autre aristocrate!...
(Il froisse et jette les deux lettres avec rage.)

CAMILLE.
C'est le chasseur qui court deux lièvres à la fois.

DUPRÉ.
Eh ! mais les électeurs sont encor là, je crois;
Essayons !...
(Ramassant les lettres, qui sont tombées à ses pieds.)
Si je puis lui rendre un tel service!...

LAURENCE, entrant avec Valentin.
Ma tante, venez-vous ? c'est le feu d'artifice.

CAMILLE.
Courons !

(Plusieurs personnes, hommes et femmes, en costume de bal, passent dans le boudoir, de gauche à droite, et disparaissent. — Mlle Verdier, Camille, Laurence et Valentin sortent par le boudoir et tournent à droite, du côté du parc.)

VERDIER, hors de lui, à Dupré.
Et vous aussi, vous m'avez abusé!...

DUPRÉ.
Quoi!...

VERDIER.
Tout cela devait être économisé,
Bourreau !...
(Allant vers la croisée.)
Voyez, voyez, tout est noir dans l'es-

DUPRÉ. [pace.
Eh ! monsieur, ce n'est là qu'un nuage qui passe

VERDIER.
Non, pour toute la nuit le temps est pluvieux...
(Il sort.)

DUPRÉ, à part.
On croit voir Harpagon jouant le glorieux !

ACTE CINQUIÈME.

Même décor; seulement les portes sont presque toujours fermées.

SCÈNE I.

CAMILLE, LAURENCE, Mlle VERDIER, VALENTIN.

(Valentin entre par le boudoir, en donnant le bras à Mlle Verdier. —Camille et Laurence les suivent en causant.—Les dames ont un mantelet de bal ou une écharpe, pour indiquer qu'elles viennent du jardin.)

CAMILLE.
Quel bruit et quel éclat ! Cette vive splendeur,
Eblouissant mes yeux, a rassuré mon cœur.
J'ai cru voir, dans ces feux qui diapraient l'espace,
L'arc-en-ciel triomphant d'un orage qui passe...
Avez-vous remarqué que depuis un moment
Le héros de Franville est monsieur...
(Valentin et les autres font un geste de doute.)
Oui, vraiment.
Pour lui, monsieur Verdier en est aux prévenances,
Aux soins les plus marqués... je dis même aux

Mlle VERDIER. [avances...
De son bel avenir, le bruit accrédité
A pu faire tourner le vent de son côté;
Mais ne nous flattons pas: si devant la richesse
Mon frère fait céder son goût pour la noblesse,
A ce caprice il faut faiblement se fier...!
L'aristocrate encor peut vaincre le banquier.

VALENTIN.
Madame a bien raison.

CAMILLE.
Oh! vous, je vous récuse.

LAURENCE.
Je désespère aussi.

CAMILLE.
Non, la peur vous abuse.
Vous nourrissez déjà l'espoir le plus flatteur;
Et pourtant le passé fait vibrer votre cœur,
Comme un faible roseau courbé par la tempête,
Et qui gémit encore en relevant la tête.

LAURENCE.
Oh! que vous êtes bonne en agissant pour nous!

CAMILLE.
Eh! n'ai-je pas reçu mêmes leçons que vous ?
(Elles causent.)

Mlle VERDIER, prenant Valentin à part.
Vous, monsieur, si pourtant une vaine apparence
Avait fait dans nos cœurs naître l'espérance,
N'allez pas oublier, vous me l'avez promis,
Qu'au terme du délai...

VALENTIN, bas.
Vous me verrez soumis,
Madame, à cet arrêt prononcé par moi-même,
Si dans quelques instans, par un malheur extrême
Et que tout maintenant semble éloigner de moi,
J'étais encor trompé dans mon espoir.

Mlle VERDIER.
Eh quoi!
Votre projet ?...

VALENTIN.
Chacun l'apprécie et l'approuve;
L'argent manquait hier... de toutes parts j'en
[trouve;
Et même, en ce moment, pour me cautionner,
On attend ma parole... et je vais la donner.
(Il sort, après avoir salué Laurence et Camille.)

SCÈNE II.

CAMILLE, LAURENCE, Mlle VERDIER.

LAURENCE.
Ma tante, ainsi, tout bas, que pouviez-vous lui
Que disait-il lui-même?... [dire?

CAMILLE.

Oh ! je vous vois sourire...
Ce n'est rien d'affligeant...

Mlle VERDIER.

Non ; car je crois pouvoir,
Au contraire, à présent partager votre espoir.

SCÈNE III.

CAMILLE, VERDIER, LAURENCE, Mlle VERDIER.

VERDIER, entrant par la seconde porte de gauche.
Quoi ! Valentin n'est pas avec vous ?...

CAMILLE.

Il nous quitte.

VERDIER.

Je le cherche partout... On dirait qu'il m'évite;
Plus que jamais pourtant je lui fais bon accueil.
Je prétends qu'il soit vu chez moi d'un meilleur œil
Que ces deux... beaux messieurs, dont l'appui tu-[télaire
M'offrait des dignités... Oh ! je n'y tenais guère...
Mais, à les croire, à tout ils avaient le moyen
De me faire arriver... Pourtant, je ne suis rien.

CAMILLE.

Rien ! mais vous êtes riche, et c'est tout.

VERDIER.

Oh ! leur offre
Avait un but bien clair... J'étais là comme un [coffre
Prêt à s'ouvrir pour eux.

CAMILLE.

Oui, mais à point nommé,
Grâce à moi, prudemment le coffre s'est fermé.

VERDIER.

Ah ! ah ! ah !...

CAMILLE.

Ah ! ah ! ah !...

VERDIER.

Long-temps, belle Camille,
Nous en rirons ensemble...

LAURENCE.

Eh !... quoi donc ?

VERDIER.

Rien, ma fille.
(A Camille.)
Ils se moquaient de moi, je vais me moquer d'eux,
Je suis riche, et je puis railler ces nobles gueux.

CAMILLE, à part.

Son rire cependant a l'air d'une grimace.

VERDIER.

Les voici tous les deux... Retirez-vous, de grâce.

Mlle VERDIER.

Ils semblent justement d'assez mauvaise humeur.

VERDIER.

Sortez...

LAURENCE.

Dites-moi vrai... Dois-je croire ?...

CAMILLE.

Au bonheur !
(Elles rentrent dans les salons, dont les portes se ferment aussitôt, ainsi que celle du fond, dès l'arrivée du Comte et du Baron.)

SCÈNE IV.

LE BARON, LE COMTE, VERDIER.

LE BARON entre, en se querellant avec le Comte.
A souscrire à mes vœux je prétends la réduire,
Et c'est moi seul enfin qui dois la reconduire.

LE COMTE.

C'est ce que nous verrons... Je ne souffrirai pas
Qu'un autre...

VERDIER.

Pourquoi donc entre vous ces débats,
Messieurs ?

LE BARON, à part.

Ciel !

LE COMTE, de même.

Le banquier ! reprenons l'armistice.

VERDIER, de même.

Ils ne me croyaient pas si près...

LE BARON, haut.

Je rends justice
Aux nobles qualités qui distinguent Tercy,
Je soutiens que lui seul doit triompher ici ;
Et de sa modestie...

LE COMTE.

Oh ! je sais, au contraire,
Que l'amour de Larrieul doit seul toucher et plaire.

VERDIER.

Vous croyez...
(A part.)
Devant moi chacun est revenu
A ses beaux complimens... Le manége est connu.

LE BARON.

Nous direz-vous enfin le sort qu'on nous prépare?

LE COMTE.

Votre fille a parlé ?...

VERDIER.

Pas encor.

LE BARON, bas, au Comte.

C'est bizarre.

VERDIER.

Messieurs...

LE COMTE.

Eh bien ?

VERDIER.

Tantôt, chacun de vous me fit,
Avec une raison dont j'ai tiré profit,
Des observations d'une grande sagesse...

LE COMTE.

Aïe ! aïe !

VERDIER, avec ironie.

A votre amour, certes, je m'intéresse ;
Mais, prenant vos conseils pour règle sur ce point,
J'ai résolu...

LE BARON.

Quoi donc ?

VERDIER, du même ton.

De ne me presser point.

LE COMTE.

Diable !

VERDIER.

Vous l'avez dit enfin : un père tendre
Doit se donner le temps d'étudier son gendre.

LE COMTE, au Baron.

De ces atermoimens, comprends-tu, cher baron,
Le motif?

LE BARON, bas, au Comte.

Parbleu! c'est... le troisième larron,
Ce monsieur Valentin...

LE COMTE, bas, au Baron.

Il doit rire sous cape...
Mais tenons tête au moins au destin qui nous
[frappe..

(Ils partent d'un éclat de rire. — Haut, avec impertinence.)

Ah ça! très cher banquier, veuillez parler sans
Pourquoi cette froideur subite à notre égard? [fard,

LE BARON.

Si vous nous repoussez, dites-le sans mystère;
Nous trouverons sans peine... et par devant no-
La fortune qu'ici l'on offrait à nos vœux... [taire,

VERDIER.

Et des gendres titrés, j'en aurai si j'en veux.

LE COMTE.

Chez nombre de banquiers, il est, je vous le jure,
Beaucoup de millions qui sentent la roture
Et qu'on veut anoblir.

VERDIER.

Il est de tout côté,
Dans des hôtels fameux, tombant de vétusté,
Des écussons qu'on vend... comme de la vaisselle,
Pour les fondre et les mettre à la mode nouvelle.
Si j'en veux, j'en aurai... car ils sont à bas prix.
Mais, je dois l'avouer, je n'en suis plus épris.

LE COMTE.

Oseriez-vous jamais, d'une main financière,
De nos vieux parchemins remuer la poussière?

VERDIER.

Cette poussière-là, c'est tout votre trésor...
Je lui préfère, moi, notre poussière d'or;
Elle est bien mieux cotée aujourd'hui sur la place.

LE BARON.

Aux nobles de l'empire auriez-vous donc l'audace
De vous assimiler? Que sont vos millions
A côté de l'éclat des belles actions?

VERDIER.

Vous parlez d'actions!... Mais celles qu'on raconte
S'estiment beaucoup moins que celles qu'on es-

LE BARON. [compte,

Tiens! les hommes d'argent qui visent à l'effet
Et qui font de l'esprit!

LE COMTE.

Ils l'achètent tout fait.

VERDIER.

Non pas à vous toujours qui n'avez rien en poche...
Noblesse sans argent.

LE COMTE, saluant.

Noblesse de sacoche!

SCÈNE V.

LES MÊMES, VALENTIN, paraissant au fond sans être vu.

VERDIER, continuant, au Comte et au Baron.

La vôtre est sans éclat.

LE COMTE.

La vôtre est sans grandeur.
L'antiquité d'un nom seule en fait la splendeur.

LE BARON, avec vivacité. [que.

Cher comte, doucement... tu penches pour l'anti-
Mon blason vaut le tien, quoiqu'un peu moins

LE COMTE. [gothique.

Les siècles d'un blason sont le plus beau relief.

LE BARON.

Je ne remonte pas jusqu'à Pepin-le-Bref...
Pourtant...

VERDIER, gaîment.

Bon! A présent, ils vont tomber sans doute
L'un sur l'autre... Et monsieur qui par là nous
Tombera sur nous trois. [écoute

VALENTIN, descendant, entre le Comte et Verdier.

Non; j'ai plus d'équité,
Messieurs; et pour parler avec sincérité,
Chacun de vous résume une aristocratie
Qui, tour à tour, en France, eut la suprématie
Mais toutes ont servi le pays... et je crois
Qu'au respect elles ont de légitimes droits.

LE COMTE.

La nouvelle, monsieur, périra dans sa souche.
L'or, ce métal si pur, corrompt tout ce qu'il tou-

VERDIER. [che.

Et l'ancienne... Voyez ses héritiers mort-nés,
Rejetons malheureux d'arbres déracinés.

VALENTIN.

Ah! ne flétrissez pas de votre raillerie
Tout soleil qui s'éteint au ciel de la patrie!
A son tour, chacun d'eux n'a-t-il pas inondé
De ses flots de chaleur notre sol fécondé?
Mais la France, jadis, c'était cette noblesse,
Fille du dévoûment, qui combattait sans cesse...
Bayard, Montmorency, Turenne, Richelieu,
Chacun paya sa dette en son temps, en son lieu!
D'oppresseurs insolens balayant nos campagnes,
Refoulant l'Espagnol au delà des montagnes,
L'Allemand jusqu'au Rhin, l'Anglais jusqu'à la
[mer,
Veillant pour le pays dans leurs habits de fer.

VERDIER.

Oui, mais cette noblesse, en son temps fort utile,
On lui donna des sœurs... la noblesse civile,
La noblesse de robe... et d'autres... qu'à prix d'or
On pouvait acheter...

VALENTIN.

Et ce fut là leur mort.

LE COMTE.

Et vous avez raison!... car un roi qu'on renomme
A dit : « Il faut cent ans pour faire un gentil-
[homme. »

VALENTIN, en souriant à Torcy.

Il en fallut bien moins au glorieux soldat
Placé par la victoire au faîte de l'Etat! [promptes,
Cet homme au regard d'aigle, aux volontés si
Transforme ses guerriers en barons, ducs et
Il installe au palais du vieux patricien [comtes;
Le soldat qu'il arrache au chaume plébéien;...
Il fonde avec l'épée une aristocratie
De géants, de héros, auxquels il associe
Les hommes qu'illustraient la science et les arts..
Mais fille de l'empire, elle en court les hasards,
Cette noblesse-là, par le sabre gagné,
Fut, un jour de combat, brisée à la poignée.

LE BARON, regardant Verdier en souriant.

Quels successeurs, plus tard, nous ont été donnés?

VALENTIN, au baron.

Le fer vous couronna...
(Montrant Verdier.)
L'or vous a détrônés.

VERDIER, s'épanouissant.

C'est bien dit, mon ami... J'aime votre langage.
La fortune est souvent un glorieux ouvrage,
Et si nos financiers ont des airs triomphants,
C'est qu'ils en ont le droit,..

VALENTIN.

Oui, mais non leurs enfants.
Pour que les rejetons honorassent la tige,
Un principe fameux c'était: « *Noblesse oblige!* »
Un noble par l'épée, en mourant, à ses fils
Semblait dire toujours: « *Faites comme je fis!* »
Mais un noble d'argent.. grand travailleur sans
[doute,
N'indique pas aux siens sa trop pénible route...
Au contraire, il leur crie en son amour jaloux:
« *Enfants, ne faites rien... j'ai travaillé pour vous!* »
Voilà la différence... Elle est à l'avantage
De la noblesse antique... et celle de notre âge
A le tort d'oublier que, puisque nos aïeux
Ont accompli pour nous un travail glorieux,
Nous devons labourer notre terre féconde
Et chaque jour semer pour l'avenir du monde.

LE COMTE.

A merveille!... et je vois que sur les parvenus
Nos droits d'autorité sont par vous reconnus.

VALENTIN.

Oh! permettez pourtant que je réhabilite
Cette aristocratie... à vos yeux sans mérite.
A la finance il faut, quand j'ai dit ses travers,
Restituer aussi tous ses titres divers.
Elle marche, et féconde une terre appauvrie,
Elle parle, et sa voix ranime l'industrie;
Elle enrichit les arts, écrase le trafic
Et base son crédit sur le crédit public.

VERDIER, allant embrasser Valentin et passant entre lui et le Comte.

Bravo, mon cher ami... c'est parler à merveille..
Non, plus de vanité; la raison me conseille...
Je veux dire en tous lieux de qui je suis sorti
Et de quel beau destin j'avais été loti...
C'est à pied que je vins du fond de ma province,
En veste, en gros souliers... et le gousset bien
[mince!
D'un père laboureur, j'en conviens, je suis né.

VALENTIN, à part.

Quel homme!... c'est encore de l'orgueil retourné!

VERDIER, à Valentin.

Vous êtes, comme moi, race plébéienne,
Et votre main, mon cher, peut s'unir à la mienne.
(Il lui tend la main.)

VALENTIN, la serrant.

Oui, notre force est là.

SCÈNE VI.

LE BARON, LE COMTE, DUPRÉ, VERDIER, VALENTIN.

DUPRÉ, en dehors.

Victoire!

VERDIER.

Eh! mais, quels cris?
Dupré...

DUPRÉ, paraissant.

Double victoire! à Versaille, à Paris!

VERDIER.

Se peut-il?

DUPRÉ.

Oui, monsieur... j'ai détruit les cabales!
Quand votre main jeta les deux lettres fatales
Qui trompaient votre espoir, par le ciel inspiré,
Je me baissai soudain et je m'em emparai.
Un sublime projet ici...
(Désignant son front.)
Venait de naître;
J'ai su l'exécuter, et vous l'allez connaître.

VERDIER.

Voyons.

DUPRÉ.

Au grand salon je cours, et mes regards
Ont bientôt découvert, séparés en deux parts
Et s'observant ainsi qu'avant une bataille,
Les partis opposés.. Que faire? De Versaille
Adroitement d'abord j'attire les meneurs
Dans la salle voisine, où, laissant les clameurs
S'apaiser par degrés, je me dis: « Ah! mes maî-
[tres!
» Nous allons voir l'effet de vos terribles lettres! »
Alors je communique aux hommes du faubourg
La lettre de Versaille, et, par un prompt retour,
Aux Versaillais je cours montrer l'injure étrange
Du brutal faubourien. Grâces à cet échange,
De tous les électeurs, à l'instant, je vous vois,
Par ce chassé-croisé, reconquérir les voix.
J'enlève le succès par cette double épître...
L'injure d'un parti près d'un autre est un titre!...

VERDIER.

C'est un trait de génie! A ravir, cher Dupré...

LE COMTE.

C'est raconté fort bien.

VALENTIN, avec un sourire sardonique.
C'est bien mieux manœuvré!
DUPRÉ.
J'oubliais... Des honneurs, vous voilà sur la route.
L'ambassadeur arrive... il vient signer sans doute
L'emprunt...
VERDIER, s'exaltant.
Et m'octroyer le titre de baron.
De ma couronne d'or, c'est le plus beau fleuron.
VALENTIN, à part.
Et voilà son orgueil qui déjà ressuscite!...
DUPRÉ.
Quel jour! triple bataille et triple réussite!...
Mais je retourne auprès de vos chers électeurs
Qui pourraient s'endormir... grâce à leurs orateurs!

SCÈNE VII.

LES MÊMES, excepté DUPRÉ. *

LE COMTE, remontant avec le Baron.
Nous vous quittons aussi.
VERDIER.
Restez donc, je vous prie...
Vous le voyez: tout marche au gré de mon envie.
Je deviens député, je suis noble, opulent,
Je veux protéger tout...
(Désignant Valentin.)
Et d'abord le talent.
A nous deux.
LE BARON, à part.
Que dit-il?
VERDIER, à Valentin.
Il faut que je vous gronde
D'une discrétion qui surprend tout le monde...
Il faut qu'à mon ami je demande pourquoi
Dans ses vastes projets il a douté de moi...
Que diable! vous savez combien je m'intéresse
A votre sort... Or donc, disposez de ma caisse
Pour votre commandite.
VALENTIN, à part.
O ciel!
VERDIER.
Oui, cher ami.
Associons-nous donc.
VALENTIN.
Mais...
VERDIER.
De compte à demi.
Nous mettrons pour apports... moi les fonds, [vous l'idée.
(Avec intention.)
Et s'il faut qu'une prime encor soit accordée
A l'inventeur... eh bien! on peut la lui choisir
Si belle... que son cœur en battra de plaisir.
VALENTIN.
Ah! monsieur!...
LE BARON, bas, au Comte.
Tu comprends?...

* Le Comte, le Baron, Verdier, Valentin.

LE COMTE, bas, au Baron.
Parbleu! dans la balance
L'amour du gain l'emporte à présent.
LE BARON, au Comte, en observant Valentin.
Quel silence!
VERDIER, à Valentin, avec plus d'insistance.
Par un sous seing-privé nous allons nous lier.
VALENTIN, avec une grande simplicité.
A monsieur Laversin j'ai dû m'associer.
L'engagement est pris.
VERDIER.
Engagement frivole!
Il n'a pas de contrat.
VALENTIN.
Il a mieux: ma parole!
VERDIER, avec un dépit concentré.
A la prime, monsieur, que je vous offre ici,
Je vois que Laversin en oppose une aussi...
Je souhaite pour vous qu'elle soit aussi belle.
VALENTIN.
Eh quoi! vous penseriez... Cette épreuve est [cruelle.
VERDIER.
Certes, à ce refus je ne m'attendais pas.
LE BARON, avec ironie.
Vous avez, comme nous, monsieur, perdu vos pas!
VERDIER, se redressant.
Vous croyez triompher... Mais talens et noblesse
Peuvent-ils de nos jours balancer la richesse?
Chaque chose aujourd'hui par l'argent se résout.
L'argent est électeur, éligible... il est tout.

SCÈNE VIII.

LES MÊMES, DUPRÉ, accourant; Mlle VERDIER, LAURENCE, CAMILLE, arrivent avec lui et se tiennent au fond.

DUPRÉ, avec animation.
Du parc où nous étions, j'accours l'effroi dans [l'âme.
VERDIER.
Quoi donc?
DUPRÉ.
Par la croisée on voit briller la flamme
Dans votre cabinet.
VERDIER.
Le feu! le feu!... Malheur!
Mlle VERDIER.
Ne vous alarmez pas...
VERDIER.
Venez...
(Il s'élance par la porte de droite, qui conduit à son cabinet, Valentin le suit; quand cette porte s'ouvre, on voit les reflets d'un incendie voisin.)
LE BARON.
Cette terreur...
LE COMTE.
Panique, assurément...
DUPRÉ.
Une simple fusée
Qu'un fâcheux coup de vent poussa vers la croisée.
(Il sort vivement aussi par la porte qui mène au cabinet.)

LE BARON, au Comte.

Viens ; l'animosité cesse dans le danger.

LE COMTE.

Servir un ennemi, c'est encor se venger.

(Au moment où ils vont sortir tous deux, ils s'arrêtent devant Verdier qui rentre rapidement, la figure décomposée. — Valentin ne l'abandonne pas ; il le conduit à un fauteuil à droite, vers le premier plan. — Mlle Verdier et Laurence l'entourent aussitôt.)

VERDIER.

Ruiné par le feu !... Plus rien !... rien !... La misère,
Voilà ce qui m'attend, ma sœur...

Mlle VERDIER.

Allons, mon frère...

VALENTIN.

Du courage, monsieur...

VERDIER.

De trente ans de labeur
Les produits dévorés !... Et ces titres d'honneur,
Dont la possession se fondait sur ma caisse,
Je dois y renoncer.

DUPRÉ, à part.

Plus d'or... plus de noblesse !

VERDIER.

J'avais cru tout prévoir, banqueroutes et dol,
Coups de Bourse et d'État, concurrences et vol ;
Je croyais ma fortune infaillible, éternelle...
Qu'est-ce qui l'a détruite ?... un rien !... une étincelle !...
Avec mon or perdu, je perds tout, je le voi,
Et le marchand du coin est plus noble que moi !
(Il se lève vivement et gagne le milieu de la scène.)
Je renonce à tout... mais il faudra tout vendre...
Et Franville !... [illegible] je dois aussi le rendre.
Il ne m'appartient pas, quittons-le sans retour.

LE COMTE.

Ainsi que nos aïeux il tombe...

LE BARON.

C'est son tour.

VERDIER.

Partons de ce château...

VALENTIN, qui est descendu entre Dupré et Mlle Verdier.

Quel soin vous inquiète ?
Vous pouvez y rester.

VERDIER.

Moi ! comment ?

VALENTIN.

Je l'achète.

VERDIER.

Vous ?...

TOUS.

Lui ?

(1) Le Baron, le Comte, Camille, à gauche ; Laurence, Verdier, Mlle Verdier, Dupré, à droite ; Valentin est derrière le fauteuil.

VALENTIN.

Moi-même...

VERDIER.

O ciel !

VALENTIN.

Je viens de recevoir
Un avis qui me donne aujourd'hui ce pouvoir.
La fortune vous fuit... peut-être elle m'arrive.

LAURENCE.

Ma tendresse pour vous cesse d'être craintive.
Mon père... vous aurez encore d'heureux jours.

Mlle VERDIER, montrant Valentin.

Et cet ami viendra nous prêter son secours.

VERDIER.

Notre vie avec lui ne peut être commune...

Mlle VERDIER.

Pourquoi ?

VERDIER.

Vous le savez... il touche à la fortune.

LAURENCE.

Riche, vous refusiez d'unir mon sort au sien...
Et moi, je vais à lui lorsque je n'ai plus rien.
(Elle va à lui, en lui tendant la main.)

VALENTIN.

Laurence !

CAMILLE, bas, au Comte et au Baron.

A cet amour il serait difficile
De s'opposer...

VERDIER.

Alors, qu'il renonce à Franville.
En songeant au passé, pour lui, dans l'avenir,
Je redoute son faste...

VALENTIN.

Oh ! je veux l'en bannir.
(Passant entre Laurence et Verdier.)
Je change du château les destins, la nature.

VERDIER.

Que voulez-vous en faire ?

VALENTIN.

Une manufacture.

LE COMTE, avec ironie.

Allons... j'entends déjà retentir les marteaux
Dans ces vastes salons...

LE BARON.

C'est bien... guerre aux châteaux !

VALENTIN.

Non. Que tout vieux manoir, toute antique demeure,
Solide sur sa base attende encor son heure ;
Mais ce pays est pauvre... et Franville aujourd'hui
Par un travail actif en deviendra l'appui.
Chacun doit ici-bas mettre la main à l'œuvre,
Comme dans un navire, où tout homme manœuvre,
A la proue, à la poupe, aux mâts, au gouvernail.
La loi de l'univers, n'est-ce pas le travail ?

FIN.

Paris. — Imprimerie Walder, rue Bonaparte, [illegible]

www.ingramcontent.com/pod-product-compliance
Lightning Source LLC
LaVergne TN
LVHW020256230826
846091LV00006B/2435

* 9 7 8 2 0 1 2 7 3 1 0 3 5 *